essentials

Essentials liefern aktuelles Wissen in konzentrierter Form. Die Essenz dessen, worauf es als „State-of-the-Art" in der gegenwärtigen Fachdiskussion oder in der Praxis ankommt. Essentials informieren schnell, unkompliziert und verständlich.

- als Einführung in ein aktuelles Thema aus Ihrem Fachgebiet
- als Einstieg in ein für Sie noch unbekanntes Themenfeld
- als Einblick, um zum Thema mitreden zu können.

Die Bücher in elektronischer und gedruckter Form bringen das Expertenwissen von Springer-Fachautoren kompakt zur Darstellung. Sie sind besonders für die Nutzung als eBook auf Tablet-PCs, eBook-Readern und Smartphones geeignet.

Essentials: Wissensbausteine aus den Wirtschafts, Sozial- und Geisteswissenschaften, aus Technik und Naturwissenschaften sowie aus Medizin, Psychologie und Gesundheitsberufen. Von renommierten Autoren aller Springer-Verlagsmarken.

Joanne Huang

Optimierung des globalen Projektmanagements

Methoden und Instrumente

Joanne Huang
Huang+Jaumann Wirtschaftsbüro
Augsburg
Deutschland

Erstveröffentlicht in englischer Sprache 2014 von „International Project Management Association" als Zeitschriftenartikel mit folgendem Titel: „Optimization of Global Project Management and the required Tools"; mit freundlicher Genehmigung von © International Project Management Association.

ISSN 2197-6708   ISSN 2197-6716 (electronic)
essentials
ISBN 978-3-658-11261-5   ISBN 978-3-658-11262-2 (eBook)
DOI 10.1007/978-3-658-11262-2

Die Deutsche Nationalbibliothek verzeichnet diese Publikation in der Deutschen Nationalbibliografie; detaillierte bibliografische Daten sind im Internet über http://dnb.d-nb.de abrufbar.

Springer Gabler
© Springer Fachmedien Wiesbaden 2016

Gedruckt auf säurefreiem und chlorfrei gebleichtem Papier

Springer Fachmedien Wiesbaden ist Teil der Fachverlagsgruppe Springer Science+Business Media
(www.springer.com)

Inhaltsverzeichnis

1 Aktueller Stand des globalen Projektmanagements 1

2 Das Konzept: globale Projekte fachlich, intellektuell
   und kulturell reibungslos abwickeln 3

3 Optimierung der Abwicklungsprozesse und Erweiterung
   des GPM-Werkzeugkastens 5
   3.1 Kultur als Ergänzung der GPM-Kompetenz 5
   3.2 Kulturmanagement und das nötige Werkzeug 6
        3.2.1 Globale Teamführung 6
        3.2.2 Beziehungsmanagement 14
        3.2.3 Kommunikation und Verständigung 16
        3.2.4 Landesspezifische Arbeitsmethoden 23

4 Anwendung des Kulturmanagements in der Betriebspraxis 27

5 Vermeidung persönlicher Stolpersteine – Risikofaktoren in
   internationalen Geschäftsbeziehungen 31

6 Checkliste – Vorbereitung für die globale Herausforderung 39

Literatur 41

Aktueller Stand des globalen Projektmanagements

1

Im globalen Geschäftsumfeld ist es längst gang und gäbe, dass Menschen aus zwei oder mehr Kulturkreisen bei einem Projekt zusammenarbeiten. Ein Merkmal globalen Projektmanagements ist daher dessen Vielfalt. Diese Vielfalt entsteht durch die Zusammenarbeit von Experten diverser Länder, die alle verschiedene Werte, Weltanschauungen und Sichtweisen mitbringen (ICB 3.0/IPMA 2006). Hinter dem Resultat steckt die Gruppendynamik eines multinationalen Teams. Diese besondere Dynamik ist zugleich eine spezielle Stärke, und der daraus gewonnene Nutzen bewirkt im Unternehmenswesen eine Steigerung der Gesamtproduktivität.

Bisher jedoch sind die angewandten Projektmanagement(PM)-Ansätze und -Methoden auf die Unternehmensführung im Westen zugeschnitten. Die Kernsätze der klassischen Schulen sind stark von den homogenen Eigenschaften der abendländischen Denk- und Verhaltensmuster geprägt.

Die Industrialisierung in Europa begann im 18. Jahrhundert, und ihr Schwerpunkt war die optimale Nutzung von Material, um maximale Produktion zu erzielen. Mitte des 20. Jahrhunderts wurde dann den Arbeitskräften allmählich mehr Aufmerksamkeit gewidmet. Daraus entwickelte sich ein neues, kulturelles Bewusstsein, das zusammen mit der allgemeinen Globalisierung für einen neuen Trend sorgte; siehe Abb. 1.1.

Die Industrialisierung Asiens und Südamerikas begann hingegen erst Mitte des 20. Jahrhunderts mit einer den westlichen Ländern sehr ähnlichen Entwicklung. Im 21. Jahrhundert wurden diese Nationen dann zu Weltfabriken und entwickelten sich zugleich zu wichtigen, globalen Absatzmärkten. Gewinnorientierung, der Kernpunkt des klassischen Kapitalismus, ist die Devise der Unternehmer dieser Regionen. Menschen als Arbeitskräfte und kulturelle Komponenten werden als untergeordnete Faktoren betrachtet, die man rücksichtslos ausbeuten kann, Hauptsache sie dienen dem Zweck der Profitmaximierung.

© Springer Fachmedien Wiesbaden 2016
J. Huang, *Optimierung des globalen Projektmanagements,* essentials,
DOI 10.1007/978-3-658-11262-2_1

Abb. 1.1 Die drei Stufen der industriellen Entwicklung. (Huang und Chung 2014)

Die PM-Standards wie ICB, PMBOK, Agile, ISO und PRINCE2. werden in den dortigen Industrien mittlerweile zwar eingeführt, aber bei der Umsetzung in die Praxis gibt es von Land zu Land feine Unterschiede. Die Umsetzungstechniken werden oft den landesspezifischen Geschäftsgewohnheiten angepasst, was für europäische Projektmanager eine Herausforderung darstellt. Zusätzliche Reibungspunkte zwischen den Geschäftspartnern entstehen durch ein unterschiedliches Zeitverständnis und verschiedene Arbeitseinstellungen.

Welches ist die beste Vorgehensweise beim Zusammentreffen verschiedener industrieller Kulturen? Wie kann man im „globalen Dorf" eine effektive Zusammenarbeit erreichen und aufrechterhalten?

Die klassischen PM-Ansätze setzen den Schwerpunkt auf das nationale Projektmanagement. Das alleine reicht jedoch nicht aus, um GPM-Anforderungen zu erfüllen. Die internationale Projektdurchführung zum Beispiel zwischen europäischen und asiatischen Ländern ist anfällig für eine Reihe von Konflikten, hauptsächlich bedingt durch kulturelle, personelle und umweltbedingte Faktoren (Wilhelm 2004; Dülfer 2011). Binder, Gardiner und Ritchie (2010) untersuchten die wichtigsten Erfolgsfaktoren der PM-Standards bei internationalen Projekten und ermittelten den prozentualen Anteil der jeweiligen Gebiete des PMBoK am Projekterfolg: Kommunikation (43 %), Risiken (38 %) und Personal (26 %). In der ICB werden die Erfolgselemente in den PM-Verhaltenskompetenzen wie Führung, Engagement und Motivation, Kreativität, Verhandlungen und Konfliktmanagement dargestellt.

Die Berücksichtigung kultureller Faktoren und die Optimierung der Führungs- und Kommunikationsfähigkeit im GPM hat eine Verbesserung der Produktivität zur Folge. Kulturelle Differenzen müssen erfolgreich überbrückt und bewältigt werden (Köster 2010). Es ist also wichtig, bei Auslandsprojekten die kulturellen Risiken ins Risikomanagement miteinzubeziehen (Li Shuying 2009). Werkzeuge zur Schließung kultureller Lücken sind daher gefragt („Cultural gap tools", Ranf 2010).

Das Konzept: globale Projekte fachlich, intellektuell und kulturell reibungslos abwickeln

2

Diese Studie zieht das gesamte Umfeld aller Parteien in Betracht, die an einer kulturellen Begegnung beteiligt sind. Ein innovativer GPM-Ansatz sollte drei beeinflussende Faktoren gleichermaßen berücksichtigen:

„Industrie, „Mensch" und „Kultur" (siehe Abb. 2.1).

Das Konzept geht davon aus, dass eine harmonische Zusammenarbeit im GPM definitiv möglich ist, wenn man gleichzeitig professionelle, intellektuelle und kulturelle Faktoren miteinbezieht. Die angestrebten Ziele sind ein erfolgreiches Projektergebnis, eine Steigerung der Produktivität, ein kontrollierbarer Zeit- und Budgetrahmen sowie ein zufriedenes und ausgeglichenes Projektteam.

Kultur als Know-How Kultur ist ein Wissensbereich und repräsentiert die Werte, Einstellungen und die bevorzugten Handlungsweisen eines Volkes. Menschen sind im Grund ein Produkt ihres Kulturkreises. Die jeweilige Kultur spiegelt sich unmittelbar im Denken und Verhalten wieder. Wer über das jeweils relevante, kulturelle Hintergrundwissen verfügt, hat also bereits einen Vorsprung und beherrscht auch die richtige Kommunikationstechnik. Kulturelles Know-How ist ein zusätzliches Werkzeug zur Steigerung der Wirtschaftlichkeit bei internationalen Geschäften.

Integration des systemischen Ansatzes In der globalen Geschäftswelt bewegt man sich auf einem fremden Spielfeld. Wer sich im Ausland sofort zielstrebig in die Arbeit stürzt, ohne sich zuvor mit der „Fremdheit" vertraut zu machen, stolpert wie mit verbundenen Augen auf unbekanntem Gelände herum. Es ist aber notwendig, den Überblick über das gesamte Projektumfeld zu behalten, sowohl im Herkunfts- als auch im Zielland (Huang 2015). Nur damit wird eine ganzheitliche Projektleitung und eine nachhaltige Sicherung der Projektergebnisse gewährleistet.

Wie kann man nun im Rahmen der kurz bemessenen Zeit für fachliche Projektarbeit auch noch die Komplexität einer fremden (Geschäfts-)Kultur meistern? Eine

© Springer Fachmedien Wiesbaden 2016
J. Huang, *Optimierung des globalen Projektmanagements,* essentials,
DOI 10.1007/978-3-658-11262-2_2

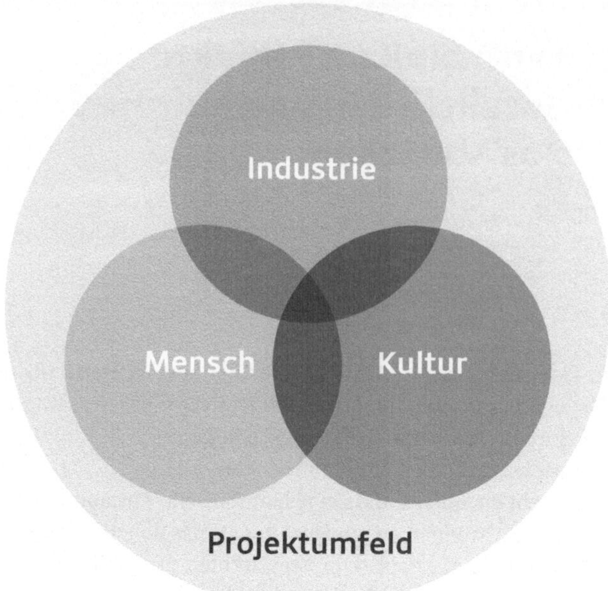

Abb. 2.1 Die drei Einflussfaktoren bei globalen Projekten

zeitsparende Methode ist die Schaffung einer emotionalen Bindung zwischen der eigenen und der fremden Welt. Als Schnittstelle bietet sich hier ein systemischer Ansatz (Luhmann, Bateson, von Foerster, Watzlawick) im globalen Betriebsmanagement an. In der globalen Geschäftswelt besteht häufig sowohl eine weite geographische, als auch eine große emotionale Distanz zwischen den ausländischen Partnern, was viele Konflikte verursacht, die aber vermeidbar sind.

Kulturelle Differenzen lassen sich in so kurzer Zeit zwar nicht minimieren (Beck und Bonß 2001), aber es ist durchaus möglich, zwischenmenschliche Nähe zu schaffen. Beim systemischen Ansatz wird der Arbeitsplatz als soziales System betrachtet (Tomaschek 2003, 2006; Schlippe 2007; Radatz 2010). Bei einem globalen Projekt erweitert sich das soziale Umfeld der Projektbeteiligten von einem geschlossenen zu einem offenen System. Durch die Schaffung einer gewissen, zwischenmenschlichen Nähe rückt die Arbeitswelt des Ansprechpartners im Ausland näher, und die dortige spezifische Dynamik wird leichter greifbar.

Optimierung der Abwicklungsprozesse und Erweiterung des GPM-Werkzeugkastens

3.1 Kultur als Ergänzung der GPM-Kompetenz

Um das gewünschte Ziel zu erreichen, ist es wichtig, alle beteiligten (Geschäfts-) Kulturen gleich zu Beginn der Projektplanung zu berücksichtigen. Eine gut entwickelte Strategie, sowohl auf der Entscheidungs- als auch der Operationsebene, dient als Handlungsorientierung für die Projektmitglieder und gewährleistet zugleich einen größeren Bewegungsspielraum (Schmidt und Preuschoff 2006). Die Einrichtung eines geeigneten GPM-Werkzeugkastens sorgt für die Optimierung der Abwicklungsprozesse. Um den bestehenden PM-Werkzeugkasten zu vervollständigen, wird eine Wissenserweiterung in der Form von Kultur gefordert. Die Integration von Kulturmanagement in den GPM-Werkzeugkasten und die praktische Umsetzung zeigt Abb. 3.1.

Im GPM ist es enorm wichtig, die Dynamik des Projektalltags zu erfassen und zu steuern. Die Technik besteht darin, Kulturmanagement in alle Projektprozesse und Themenbereiche zu integrieren. Die vorhandenen Methoden für Auslandsprojekte werden entsprechend damit ausgerüstet. Unabhängig von den PM-Standards lässt sich die hier dargestellte Form des Kulturmanagements in jeden PM-Werkzeugkasten integrieren. Jedes Wissensgebiet des PMBoK oder jeder Kompetenzbereich der ICB könnte auch einen kulturellen Kontext beinhalten. Kulturmanagement fungiert als aktive Schnittstelle, diese Bereiche ganzheitlich und systemisch zu unterstützen. Vermeidbare Kulturkonflikte können damit minimiert und der Abwicklungsprozess erleichtert werden.

Kulturmanagement im internationalen Projektumfeld umfasst vier Aufgabenbereiche (Abb. 3.1), auf die der Projektmanager achten muss:

1. Globale Teamführung
2. Beziehungsmanagement

© Springer Fachmedien Wiesbaden 2016
J. Huang, *Optimierung des globalen Projektmanagements,* essentials,
DOI 10.1007/978-3-658-11262-2_3

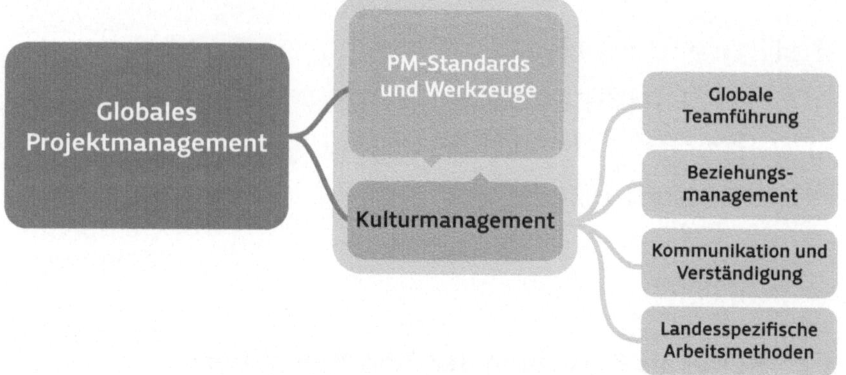

Abb. 3.1 Kulturmanagement für globale Projekte. (Huang und Chung 2014)

3. Kommunikation & Verständigung
4. Landesspezifische Arbeitsmethoden

3.2 Kulturmanagement und das nötige Werkzeug

In der Praxis gibt es für das Kulturmanagement keine standardisierten Anwendungsrezepte. Spezifische Unterschiede zwischen den Kulturen müssen immer berücksichtigt werden (Wagner 2014). Die in Abb. 3.2 aufgelisteten „Soft-Skills" zeigen Wege und Möglichkeiten, kulturelle Faktoren zu managen. Abhängig von Kontext, Situation und Zusammensetzung der beteiligten Personengruppen werden dann die jeweils passenden Methoden und Mittel eingesetzt. Das fortlaufende Geschehen und die Dynamik des Gesamtumfelds müssen durchgängig sorgfältig beobachtet werden. Ein erfolgreicher Projektleiter behält stets die Fäden in der Hand und verliert nicht den Überblick. Wer Kulturmanagement souverän beherrscht, sichert nicht nur den Projekterfolg, sondern erweitert zugleich seine Ressourcen im Ausland.

3.2.1 Globale Teamführung

3.2.1.1 Interkulturelles Verständnis

Eine erfolgreiche Durchführung von Auslandsprojekten erfordert eine interkulturelle Qualifikation als Bestandteil des globalen Managements. Dazu gehört das

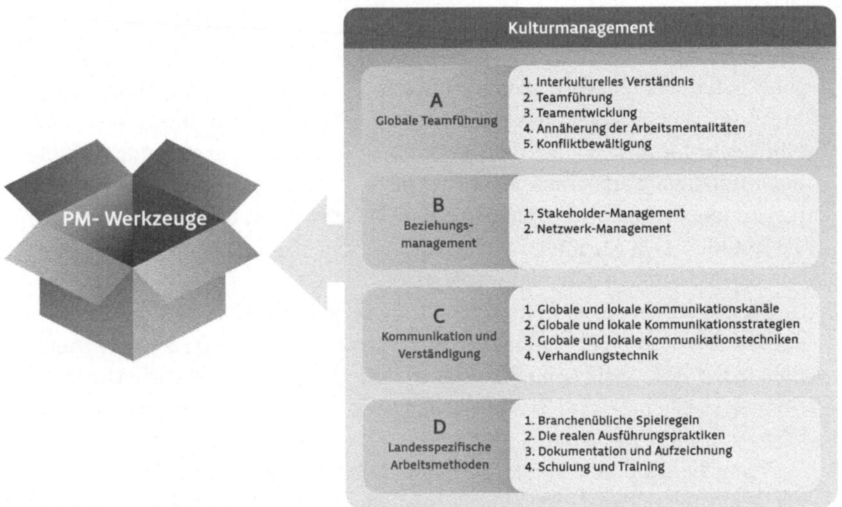

Abb. 3.2 Werkzeugkasten des Kulturmanagements. (Huang und Chung 2014)

Wissen über bestimmte Denk- und Handlungsweisen einer Kultur. Jede Kultur hat ihre gewohnten Handlungsabläufe, Muster und Spielregeln des Alltags. Es hat durchaus einen Grund, warum es zum Beispiel die deutsche „Streitkultur" gibt, und warum Asiaten andererseits ein besonderes Bedürfnis nach einem „streitfreien" Arbeitsumfeld verspüren. Ein besseres Verständnis der Kulturen hilft, entstehende Schwierigkeiten auf Grund bestehender kultureller Unterschiede zu erkennen und Missverständnisse zu vermeiden. Diese Kompetenz kann durch Arbeitserfahrung und Trainingskurse erworben werden.

Auch bei Zeitmangel ist es für den Projektmanager dringend nötig, sich zum Schnelleinstieg vor allem über zwei lokale Gebräuche zu informieren. Da ist zum einen die hierarchische Struktur dieser Gesellschaft, die das Verhalten und die Erwartungshaltung der Menschen im Umgang miteinander erklärt. Zum anderen sollte sich der Projektmanager vor Ort berichten lassen, ob und wie die Religionen Einfluss auf den Arbeitsalltag nehmen. Diese Kenntnis hilft ihm dabei, sich besser auf bestimmte Gepflogenheiten einzustellen. In islamischen Ländern und in Indien nehmen die Religionen einen wichtigen Platz im gesellschaftlichen und beruflichen Leben ein. In Ostasien hingegen ist das in der Regel eine Privatangelegenheit, die normalerweise nichts mit dem Geschäft zu tun hat.

Übung 1

Eine indische Managerin kommt mit sehr großer Verspätung zum Team-Meeting. Sie begründet dies damit, dass die Müllabfuhr in ihrem Wohnbezirk heute Morgen unpünktlich gekommen sei. Da das Hausmädchen auf den Müllmann warten musste, musste auch die Managerin im Haus bleiben und konnte deshalb nicht gehen und die Haustür hinter sich abschließen. Sie entschuldigt sich kurz für die entstandene Unannehmlichkeit und möchte nun das Meeting umgehend fortsetzen.

Sie haben ein enges Zeitfenster für diese Indien-Reise, und das Projekt verläuft sowieso nicht planmäßig. Bei diesem Besuch haben Sie sehr viele Punkte auf der Agenda, die Sie dringend mit der verantwortlichen Managerin besprechen möchten. Wie beurteilen Sie die Lage? Wie reagieren Sie am besten auf diese Situation?

Versuchen Sie zuerst, die Situation selbst einzuschätzen. Denken Sie nach, was Sie unternehmen würden, ohne die Erklärung vorher zu lesen.

Hintergrundanalyse:

Für Inder ist eine Verspätung nichts Ungewöhnliches. Gemäß dem Hinduismus und dem Glauben an eine Wiedergeburt haben Inder eine völlig andere Zeitvorstellung, die sich extrem von der europäischen unterscheidet. Demnach verfügen Menschen über unendlich viel Zeit. Das indische Team wegen des Zeitplans unter Druck zu setzen würde auf Verständnislosigkeit stoßen. Nennen Sie stattdessen lieber einen anderen Grund, zum Beispiel, dass „der Kunde ungeduldig auf ein Ergebnis wartet", um die indischen Partner zu überzeugen und zu motivieren.

Hinzu kommt noch, dass die indische Managerin tatsächlich ein häusliches Problem durch die verspätete Müllabfuhr hatte. Das Kastensystem bestimmt die jeweilige gesellschaftliche Stellung eines Menschen und gibt damit jedem die auszuübenden Aufgaben oder Arbeiten sehr genau vor. Es ist in der indischen Gesellschaft schlicht unangebracht, dass sich die Hausherrin selbst um die Beseitigung der Müllbeutel kümmert, unwichtig wie eilig sie es gerade haben sollte. Ebenso unangebracht ist es, dass das Hausmädchen die Mülltüten selbst aus dem Haus trägt. Es muss abwarten, bis der Müllmann an die Hintertür kommt. Dann kann es dem Mann den Müll geben ohne selber vor die Tür gehen zu müssen. Sobald das Mädchen diese Aufgabe erledigt hat, kann es gehen. Erst dann kann die Hausherrin die Tür abschließen und endlich in die Arbeit eilen (Abb. 3.3).

Abb. 3.3 Die Tradition nimmt heute wie früher eine zentrale Stelle im Alltagsleben Indiens ein

> **Handlungsempfehlung:**
> Bleiben Sie „cool" und gönnen Sie der Managerin eine Verschnaufpause. Noch besser: zeigen Sie Verständnis für den Stress, dem eine berufstätige Frau ausgesetzt ist und erwähnen Sie, wie beachtlich es ist, dass heutzutage die Frauen Arbeit, Kinder und Hausarbeit gleichzeitig unter einen Hut bringen. Danach kommen Sie direkt zum Thema und fragen die Managerin oder das Team, wie die aktuelle Aufgabe im bestehenden engen Zeitrahmen trotz der zahlreichen Schwierigkeiten doch noch rechtzeitig bewältigt werden könnte. Damit werden Sie in Indien als geborene Führungskraft wahrgenommen. Ein verantwortungsbewusstes Indienteam wird sich nun mit aller Kraft an die Überwindung der Hindernisse machen und die anstehenden Aufgaben erledigen.

3.2.1.2 Teamführung

Im „Interkulturellen Management" werden oft die Modelle der Kulturdimensionen von Hofstede und Trompenaars angewendet, die eine gute Orientierungsgrundlage für die kulturellen Unterschiede zwischen verschiedenen Ländern liefern. Basierend auf diesen Modellen erarbeitete Binder (2007) die empirischen Einsatzmöglichkeiten in der globalen Projektdurchführung. Bei der Anwendung des Kulturmodells von Hofstede ist allerdings zu beachten, dass die dargestellten Kulturvergleiche aus den 70er Jahren stammen und teilweise bereits veraltet sind. Die fortlaufende globale Entwicklung und der jeweilige Zeitgeist prägt auch die Kulturen. Menschen sind heute aufgrund größerer Freizügigkeit, Auslandsaufenthalten und der Präsenz des Internets anders als vor einigen Jahrzehnten. Eine „Schwarz-Weiß"-Einstellung oder zum Beispiel eine strenge Trennung von Universalismus oder Pluralismus ist nicht mehr zeitgemäß. Es ist dringend zu empfehlen, die Partner persönlich oder auch per Videokonferenzen etwas näher kennenzulernen oder sie gleich zu Projektbeginn genauer bei der Arbeit zu beobachten. Dadurch erhalten Sie wichtige Erkenntnisse über das Team sowie die Arbeitsweise jeder Person. Alle diese Bemühungen ermöglichen es Ihnen, Ihr persönliches Führungskonzept für dieses Projektteam auszuarbeiten und die dafür geeigneten Kommunikationsmethoden zu entwickeln.

Der geschickte Umgang mit Hierarchie und Liberalismus In der globalen Personalführung ist es wichtig, die hierarchische Struktur jeden Landes zu kennen. Jegliche Hierarchieform, ob flach oder steil, beeinflusst ganz wesentlich das Verhalten und die Erwartungshaltungen der Mitarbeiter und die zwischenmenschlichen Umgangsformen. Liberale Projektleiter können in Asien durchaus einen westlichen Führungsstil anwenden, sie müssen aber, falls nötig, auch ihre Autorität als Chef zeigen und ein Machtwort sprechen können. Wichtig ist dabei immer eine flexible und offene Haltung, verbunden mit einer selektiven Mitarbeiterführung. Die Abb. 3.4 und 3.5 zeigen einige Länder und deren sozial-hierarchische Prägungen.

Unterschiedliche sozio-kulturelle Erwartungshaltungen an die Führungsrolle In manchen Gesellschaften wie zum Beispiel in Deutschland, sind alle Teammitglieder gleichgestellt. Von der Teamleitung wird erwartet, das Projekt zu koordinieren. In anderen Kulturen wie in Asien ist der Teamleiter üblicherweise der Ranghöchste.

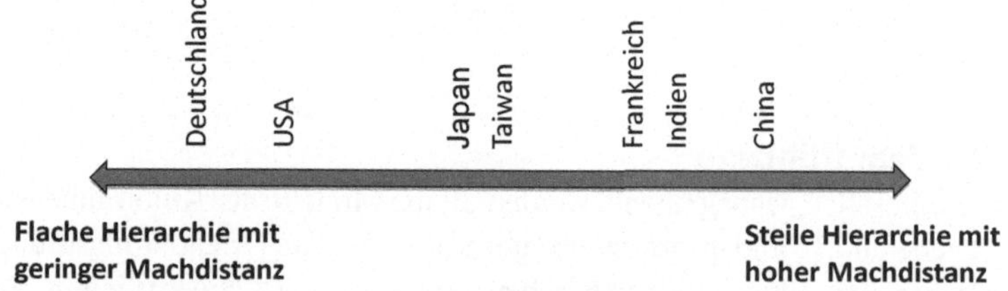

Abb. 3.4 Strukturelle Machtdistanz am Beispiel ausgewählter Länder nach Hofstedes Kulturdimensionen

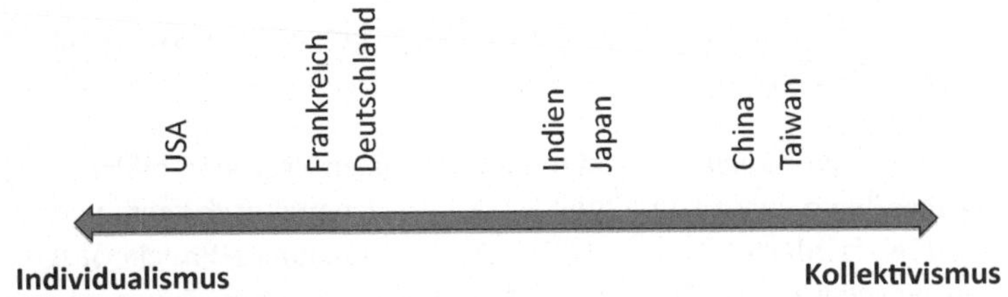

Abb. 3.5 Kultureller Einfluss auf das Verhalten am Beispiel ausgewählter Ländern nach Hofstedes Kulturdimensionen

Von ihm wird erwartet, das Team zu leiten. Dies sind zwei grundsätzlich verschiedene Erwartungshaltungen. Eine gute Projektleitung sollte die kulturell bedingten Erwartungen an ihre soziale Rolle kennen und dementsprechend agieren.

Werteaustausch Leider bestehen in der internationalen Zusammenarbeit auch Vorurteile, häufig verursacht durch Missverständnisse und Fehlinterpretationen. Im Konfliktfall wird dann das Verhalten des Partners nicht nur vom sachlichen Aspekt her gesehen, sondern insgeheim auch moralisch bewertet. Deutsche wie Chinesen waren bei Umfrageergebnissen bezüglich ihrer Wertevorstellungen überrascht, dass sich diese in beiden Kulturen sehr ähneln, und das jeweils „andere Volk" ebenso „moralisch" ist. Ein funktionsfähiges Projektteam benötigt ethisch orientierte Richtlinien, die von allen Beteiligten anerkannt werden. Dies ist vor allem beim GPM sehr wichtig, weil durch gemeinsame moralische Werte zusammen mit einem „Wir-Gefühl" Abmachungen und Zusagen verbindlich werden.

3.2.1.3   Teamentwicklung

Zusammenhalt im Team (Teamgeist) Es ist nicht einfach, Gruppenmitglieder zu einem Team zusammenzuschweißen, selbst wenn sie aus demselben Kulturkreis stammen. Der erste Schritt besteht darin, einen Teamgeist zu wecken, um die Fremdheit zwischen den Mitgliedern abzubauen. Für bestimmte Kulturen mag das Folgende nicht so entscheidend sein, aber besonders für Asiaten ist zum Beispiel eine gewisse Gefühlsnähe wichtig, um die Gruppe als ihr eigenes Team wahrzunehmen. In Fernost ist die Methode dazu das Kennenlernen (Huang 2010). Am besten organisiert man gleich zu Beginn der Start-Phase eine Kennenlernrunde, bei der die Mitglieder die Möglichkeit haben, etwas über sich selbst zu erzählen. Derartige Kennenlernrunden sollten während der gesamten Projektdauer wiederholt werden. Asiatische Projektleiter achten sehr darauf, die Teammitglieder zum gemeinsamen Essen oder ungezwungenen Bierrunden zusammenzubringen, damit sie sich untereinander austauschen können. Gegenseitiges Interesse ist der Beginn eines Zusammengehörigkeitsgefühls.

Vertrauen und Vertrautheit Bei vielen internationalen Projekten bildet sich jedes Mal ein neues Team. Die Teammitglieder kennen sich praktisch kaum und werden aufgrund ihrer fachlichen Kompetenzen für ein bestimmtes Projekt ausgewählt. Oft sitzen sie sogar in verschiedenen Erdteilen. Als Experten können sie zweifellos ihre volle Arbeitsleistung im eigenen Fachbereich einbringen. Ein Projekterfolg fordert aber nicht nur exzellente Einzelleistungen; fast noch wichtiger ist das funktionsfähige Zusammenfügen aller erbrachten Leistungen. Das heißt, dass alle Projektmitglieder, auch wenn sie sich fremd sind, im begrenzten Zeitrahmen des Projekts einwandfrei zusammenarbeiten und sich gegenseitig abstimmen müssen.

Eine gute Zusammenarbeit basiert auf gegenseitigem Vertrauen, aber der Aufbau von Vertrauen beansprucht viel Zeit, die bei einem Projekt leider nicht zur Verfügung steht. Um diesen Zeitmangel zu überbrücken und eine gute Zusammenarbeit aller Beteiligten zu gewährleisten, ist es enorm wichtig, vorab eine gewisse Vertrautheit zwischen den Teammitgliedern zu schaffen. Dazu gehört unter anderem auch das Wissen über die Arbeitsmethode und den Arbeitsrhythmus der Anderen. Vertrautheit bildet die Grundlage, die Partner besser einschätzen zu können und harmonischer zu kooperieren. Die Methoden dazu sind vielfältig. Small Talk und Brainstorming gehören dazu, genauso wie gemeinsames Essen und Trinken nach Feierabend, Ausflüge oder auch Sportaktivitäten, um nur einige zu nennen.

Motivation Den Wunsch nach Geld, Erfolg und einer Zukunftsperspektive haben herkunftsunabhängig alle Menschen gemein. Aber es gibt noch zusätzlich Dinge, die Zufriedenheit wecken, zum Beispiel ein gutes Team, eine faire Leitung, etwas Neues zu schaffen oder zu lernen und vieles andere mehr. Solche persönlichen Wünsche und Erwartungen lassen sich bei Gesprächen herausfinden.

3.2.1.4 Annäherung der Arbeitsmentalitäten

Produktions- und Arbeitsprozesse werden zwar weltweit standardisiert, aber Arbeitsumfeld und Abwicklungsabläufe unterscheiden sich weiterhin von Land zu Land. Hinzu kommen unterschiedliche Vorstellungen über Arbeitsverhältnisse, Termine und Qualität. Achten sollte man besonders auf die unterschiedliche Prioritätensetzung einzelner Länder. Welches der drei goldenen Kriterien „Kosten, Zeit und Qualität" hat Vorrang, falls ein Projekt nicht planmäßig verläuft? Ist es die unbedingte Einhaltung eines Termins ohne Rücksicht auf Qualität? Ist es eher ein Kompromiss, bei dem alle drei Kriterien verhältnismäßig ausgeglichen berücksichtigt werden? Die von der Projektleitung gewünschte Priorität muss den Teammitgliedern und Geschäftspartnern daher unbedingt vermittelt werden.

3.2.1.5 Konfliktbewältigung

Als Ursache eines Konflikts bei der Projektarbeit kommen drei Aspekte ins Spiel: der sachliche, kulturelle oder der persönliche Aspekt. Ein Konflikt muss nicht immer kulturbedingt sein. Vielleicht liegt der Grund schlicht in der Persönlichkeit eines Beteiligten. Ein fachlich bedingter Konflikt wiederum kann rein sachlich angesprochen werden. Bleiben Sie ruhig, wenn Sie von plötzlichen Uneinigkeiten oder Konflikten überrascht werden. Gönnen Sie sich ein bisschen Zeit, um nachzudenken und den Sachverhalt näher zu betrachten. Sortieren Sie die Ursachen möglichst in die richtigen Bereiche. Handelt es sich um ein sachliches Problem oder steckt ein menschliches Problem oder eine kulturelle Konfrontation dahinter? Die Zuordnung ermöglicht es, das wahre Problem mit den richtigen Mitteln zu beheben.

Übung 2

Für ein R&D-Projekt entwickeln Sie gemeinsam mit dem amerikanischen Team ein neues Produkt. Der geplante Abgabetermin steht bevor, Sie sind jedoch mit dem Ergebnis noch nicht hundertprozentig zufrieden. Nach Ihrer Einschätzung sind noch zwei weitere Wochen nötig, um die von Ihnen gewünschte Qualität zu erreichen. Sie besprechen sich mit der amerikanischen Kontaktperson und möchten den Termin verschieben.

Zu Ihrer großen Überraschung reagiert der Kollege entsetzt. Er ist strikt gegen eine Terminänderung und beharrt darauf, den vereinbarten Zeitpunkt auf jeden Fall einzuhalten. Trotz all Ihrer Bemühungen, sich mit ihm zu verständigen, gibt er nicht nach. Stattdessen übt er Druck aus und geht auf Konfrontationskurs. Er behauptet, dass der amerikanische Kunde auf keinen Fall mit einer Terminverschiebung einverstanden wäre.

Ist das wirklich so, oder ist das nur die Meinung des amerikanischen Kollegen? Liegt der Grund möglicherweise anderswo? Wie sollten Sie die Situation beurteilen?

Versuchen Sie zuerst, die Lage selbst einzuschätzen, ohne die Erklärung vorher zu lesen.

Erklärung:

Ein Projektleiter steht ständig vor Situationen, in denen er Kompromisse schließen muss, um das Projekt voran zu treiben. Wichtig ist es, dass das Gesamtergebnis stimmig und der Kunde zufrieden ist. Das magische Dreieck (Zeit, Kosten und Qualität/Umfang) bildet den zentralen Inhalt des Projektmanagements und stellt zugleich das Erfolgskriterium dar, um das Projektergebnis zu messen. Allerdings werden diese drei Parameter von Land zu Land unterschiedlich gewichtet. Während Qualität in Deutschland das allerwichtigste Kriterium ist, steht der Termin-Parameter in den Staaten an erster Stelle. Es ist zwar gut, dass Sie Ihre Arbeit ernst nehmen und das Projekt mit Perfektion abwickeln möchten, aber die Zufriedenheit des amerikanischen Auftraggebers wird hier vor allem durch eine pünktliche Lieferung definiert. Das gesamte Projektergebnis, das innerhalb der drei Kriterien (Zeit, Kosten und Umfang) liegt, wird qualitativ bewertet.

3.2.2 Beziehungsmanagement

Eines ist sicher: Beziehungsmanagement in der globalen Geschäftswelt ist keine gefühlsbetonte „Frauensache", sondern eine höchst wichtige Aufgabe aller Beteiligten. Es mag sein, dass dies in Deutschland bei der Projektentwicklung „anscheinend unwichtig" ist. Aber jeder erfahrene Projektleiter weiß nur zu gut, wie wichtig es ist, ein gutes Verhältnis zum Team und zu den Kunden aufrecht zu erhalten. Die Zusatzfunktion des Beziehungsmanagements besteht darin, sich durch gute Kontakt- und Umweltverwaltung zeitnah über wichtige Informationen und Änderungen zu informieren. Ein sorgfältiges Beziehungsmanagement ist eine Investition für den späteren Projekterfolg und muss gleich von Beginn an beachtet werden.

3.2.2.1 Stakeholder-Management

Manchmal ist es schwierig, alle beteiligten Stakeholder zu identifizieren. In asiatischen und arabischen Ländern zum Beispiel verbergen sich einige einflussreiche Persönlichkeiten gerne hinter Strohmännern, behalten aber hinter der Kulisse die Fäden in der Hand. Ab und zu sind auch „kleine" Stakeholder durchaus in der Lage, Projekte zu blockieren. Wann spielt dabei der Profit eine Rolle? Wann kommen zwischenmenschliche Beziehungen ins Spiel? Derartiges Hintergrundwissen erleichtert es dem Projektleiter, zum rechten Zeitpunkt den richtigen Hebel an den relevanten Stellen anzusetzen.

Außer einem Stakeholder-Register sind hier die Organigramme der beteiligen Unternehmen aufschlussreich. Man sollte auf jeden Fall nicht nur ausschließlich darauf achten, wer innerhalb des Organigramms steht, sondern auch, wer außerhalb positioniert ist. Wenn man sich die Zeit nimmt, gegenseitige Beziehungen und Verbindungen der einzelnen Personen graphisch darzustellen, erhält man oft einen relativ klaren Überblick über die Macht- und Beziehungsverhältnisse im Projektumfeld.

Übung 3

Der arabische Auftraggeber spricht anscheinend wenig Englisch, und Sie können sich während Ihres Besuchs in Jordanien nicht direkt mit ihm unterhalten. Sollten Sie nun alle Gespräche Wort für Wort vom Dolmetscher übersetzen lassen, damit keine Missverständnisse entstehen?

Versuchen Sie zuerst, die Lage selbst einzuschätzen. Denken Sie nach, was Sie unternehmen würden, ohne die Erklärung vorher zu lesen.

Erklärung und Handlungsvorschlag:

Der arabische Entscheidungsträger interessiert sich in der Tat nicht wirklich für die technischen Details. Dafür gibt es für Sie einen entsprechenden Ansprechpartner. Ein Gespräch mit dem Auftraggeber hat einen anderen Zweck, nämlich die Kontaktherstellung zwischen den Stakeholdern. Nicht nur Sie wollen die Kunden mit einbinden; verantwortliche arabische Manager wollen Sie ebenso kennenlernen und persönlich sicherstellen, dass Sie die richtige Person für das Projekt sind.

Auch wenn der arabische Auftraggeber Sie nicht versteht, lassen Sie sich nicht davon abhalten, ihn beim Small Talk direkt anzusprechen. Strahlen Sie menschliche Wärme aus. Zeigen Sie bei der Gelegenheit nicht nur Ihre Fachkompetenz, sondern auch Ihr Interesse an dem Land und Ihre Faszination mit der arabischen Kultur, was jederzeit ein günstiger Gesprächsstoff ist und für eine gute Atmosphäre sorgt. Seien Sie einfach ein guter Gast. Lassen Sie Ihre natürliche Freundlichkeit und den Respekt gegenüber dem Gastgeber für sich sprechen (Abb. 3.6).

3.2.2.2 Netzwerkmanagement

Zwischenmenschliche Beziehungen in Asien und Nahost sind zweifellos sehr viel komplizierter als im Westen. Neben dem Stakeholder-Management sollte man dort auch grundsätzlich mehr auf Menschen und Dinge achten, die scheinbar nicht direkt etwas mit dem Projekt zu tun haben. Wie bereits erwähnt, bewegt sich der Projektleiter auf einem fremden Spielfeld. Bevor man die lokalen Spielregeln beherrscht, muss man dem Gesamtumfeld mehr Aufmerksamkeit widmen. Dadurch kann man mögliche Gefahren abwenden. Diese Erweiterung des eigenen Horizonts

Abb. 3.6 Die märchenhafte arabische Antike, Petra in Jordanien

findet durch die Pflege eines abteilungs- und firmenübergreifenden, sozialen Netzwerks statt. Die dabei gewonnenen Kontakte werden wiederum zu Ressourcen, auf die man bei Bedarf zurückgreifen kann.

Es ist leicht, die Grenze zwischen einem konstruktiven Kontaktnetzwerk und einem korrupten „Amigos"-Kreis zu überschreiten. Jedoch bestehen durchaus Unterschiede. Beide Netzwerk-„Arten" in einen Topf zu werfen, oder sogar ganz darauf zu verzichten wäre kontraproduktiv und destruktiv. Ein positiver Ansatz wäre das aktive Management und die bewusste Steuerung aller Kontakte. Auf diese Art schützt man sich besser vor Gefahren. In manchen Ländern werden „kleine" Schmiergelder erwartet, die verhindern, dass Geschäfte an zahlreichen kleinen und unerklärlichen Hindernissen scheitern. Die Suche nach möglichen Alternativen ist nur mit einem besseren Überblick machbar. Eines sollte man jedoch immer im Auge behalten: auch wenn Korruption in manchen Ländern eine Tatsache ist, heißt dies noch lange nicht, dass die Einheimischen sie gutheißen. Deshalb muss man sehr vorsichtig und mit viel Fingerspitzengefühl vorgehen.

3.2.3   Kommunikation und Verständigung

Kommunikation ist mehr als Austausch von Informationen; es bedeutet nicht unbedingt, dass eine Verständigung dabei stattfindet. *„Der Hörer, nicht der Sprecher, bestimmt die Bedeutung einer Aussage"* (von Foerster 1997). Wie sicher kann man sein, dass die eigenen Worte und Gesten in einem anderen Kulturkreis genau so verstanden werden, wie man es beabsichtigt hat? Kann es sein, dass sie vielleicht völlig anders interpretiert werden? (Watzlawick 2003) Hier besteht die Gefahr des Kommunikationsverlusts. Menschen aus demselben Kulturkreis reden ja bereits viel zu oft aneinander vorbei. Die Wahrscheinlichkeit, dass dasselbe mit ausländischen Partnern passiert, ist noch wesentlich höher. *„Der Kommunikationsprozess gründet nicht auf Eindeutigkeit, sondern auf Diversität… wir können niemals bestimmen,… welche Bedeutung der andere den Impulsen beimisst und welche Assoziationen die einkommenden Reize auslösen"* (Tomaschek 2009). Die Kommunikationsmuster unterscheiden sich mehr oder weniger von Kulturkreis zu Kulturkreis. Kompetenz in interkultureller Kommunikation ist daher ein unabdingbarer Bestandteil interkultureller Qualifikation.

3.2.3.1 Globale und lokale Kommunikationskanäle

Mittel- und Nordeuropäer kommunizieren über Geschäftliches normalerweise zu offiziellen Anlässen wie bei einem Meeting. In asiatischen und arabischen Ländern besteht ganz bewusst die Möglichkeit zur inoffiziellen Kommunikation außerhalb des Arbeitsumfelds. Diese außerbetrieblichen Feedback-Kanäle sind von großer Bedeutung, damit sich die Partner ungezwungen miteinander verständigen und bereits vorab einen Konsens finden können. Sowohl der Ort als auch der Zeitpunkt einer Konsensfindung sind im Westen und Osten völlig unterschiedlich. Anders als Europäer beginnen Asiaten die Konsensfindung früher und zwar bereits vor dem Projektbeginn.

Übung 4

Die Kommunikation mit den japanischen Partnern erweist sich als schwierig. Zusätzlich zu den Telefonkonferenzen fliegen Sie nach Japan und nehmen an den Meetings teil. Abstimmungen über gewisse Vorgehensweisen finden trotz Ihrer persönlichen Anwesenheit aber nur zögerlich statt. Sie gewinnen den Eindruck, dass die Entscheidungsfindung innerhalb des japanischen Teams sehr langwierig ist. Sie können aber nicht die ganze Zeit in Japan bleiben, bis alle sich abgesprochen haben und sich einig sind. Was könnten Sie noch unternehmen, um die Situation zu verbessern?

Versuchen Sie zuerst, die Lage selbst einzuschätzen. Denken Sie nach, was Sie unternehmen würden, ohne die Erklärung vorher zu lesen.

Hintergrundanalyse und Handlungsvorschlag:

Die Kommunikationsmethoden zur kollegialen Verständigung zwischen Japan und Deutschland unterscheiden sich wesentlich. Die Entscheidungswege sowie die Bedeutung von offiziellen Meetings werden von Deutschen und Japanern unterschiedlich wahrgenommen und praktiziert. Während das formale Meeting in Deutschland der Hauptkommunikationsweg ist, findet die Entscheidungsfindung in Japan auf mehreren Stufen statt. Die Meinungsannäherung zwischen den Kollegen beginnt zuerst im Team, der kleinsten Einheit in der Organisation. Wird eine Entscheidung gefunden, wird diese dem Ranghöheren vorgelegt. Der Vorgesetzte verständigt sich dann mit seinen ranggleichen Kollegen. Die gesamte Entscheidungsfindung setzt sich so allmählich nach oben fort. Dies ist zwar ein langwieriger Prozess, aber der von der Gruppe gefasste Entschluss wurde sorgfältig und genau überlegt. Daraufhin stehen dann alle Beteiligten fest hinter dieser Gruppenentscheidung.

Beachten Sie unbedingt die Vorbesprechungen Ihres japanischen Projektteams. Die kleinen inoffiziellen Gruppensitzungen wie zum Beispiel nachmittags zur „Tea-Time" in oder außerhalb der Firma sind enorm wichtig.

Japaner legen großen Wert auf eine harmonische Teamarbeit. Während der Gruppentreffen nähern sich die Meinungen der Teammitglieder an und man stimmt sich ab. Dann werden diese Gruppenentscheidungen im offiziellen Meeting vorgetragen. Seien Sie bei solchen Vorbesprechungen auch dabei. Fliegen Sie lieber etwas früher nach Japan und nehmen Sie sich Zeit für diese informalen Gruppensitzungen. Bringen Sie als Höflichkeitsgeschenke zum Beispiel feine deutsche Kekse oder Schokolade mit. So erweisen Sie sich als kompetente Projektleitung und werden als ein Teil des Teams akzeptiert und angenommen (Abb. 3.7).

3.2.3.2 Globale und lokale Kommunikationsstrategien

Sobald das Stakeholder-Register ausgearbeitet ist, und die Kommunikationskanäle zwischen den Stakeholdern identifiziert sind, wird es Zeit, passende Kommunikationsstrategien für die globale und lokale Ebene zu entwickeln. Damit ist hauptsächlich gemeint, zu welchem Zeitpunkt man mit bestimmten Personen am besten über bestimmte Themen spricht. In Asien zum Beispiel spielt der gewählte Zeitpunkt eine wichtige Rolle, denn er vermittelt zugleich oft eine Botschaft über den Grad der Wertschätzung (oder auch den Grad der „Nicht"-Wertschätzung). Falls alle regulären Kommunikationstechniken scheitern, ist es nützlich, einen Notfallplan zu entwerfen, der eine Verständigung mit Hilfe eigener Netzwerke ermöglicht. Die Voraussetzungen für ein funktionsfähiges Kommunikationsmanagement im globalen Umfeld sind Empathie und ein gutes Beziehungsmanagement. Empa-

Abb. 3.7 Das Stadtbild von Hakodate auf den Inseln Hokkaido/Japan

thie dient dazu, Signale zu empfangen. Ein gutes Beziehungsmanagement erhöht die Sympathie Ihrer Person gegenüber und hilft dabei, das Verständnis der anderen zu gewinnen, insbesondere wenn Sie ungewollt oder unbewusst ins Fettnäpfchen treten.

3.2.3.3 Globale und lokale Kommunikationstechniken

Ein sensibler Umgang mit verschiedenen, kulturabhängigen Kommunikationsformen erleichtert das Stakeholder-Management. Dazu zählt die Kommunikation mit niedrigem Kontext (direkt und offen) oder mit hohem Kontext (indirekt mit vielen, versteckten Botschaften). Die vier Kommunikationsebenen (Bolten 1997) dienen als gutes Werkzeug, um ausgesprochene und unausgesprochene Nachrichten zu empfangen. Es handelt sich dabei um die verbale, die nonverbale (Körpersprache & Mimik), die paraverbale (Rhetorik) und die extraverbale Kommunikation (z. B. Zeit, Ort, Kleidung/Erscheinungsweise, Medienart).

Jede Kultur hat ihre bevorzugte Art, miteinander zu kommunizieren. Deutsche schätzen offene Gespräche. Franzosen haben ihre sogenannte „Salonkultur". Asiaten verwenden besonders gerne die indirekte, extraverbale Kommunikation, um eine Botschaft mit Hilfe eines bestimmten Zeitpunkts, Orts oder durch spezielle Gestik zu übermitteln. Als Beispiel eignet sich in China die Sitzordnung beim Essen. Der Gastgeber zeigt zum Beispiel dem am meisten geschätzten Gast seinen Respekt, indem er ihm den besten Platz am Tisch anbietet. Dazu muss der ausländische Gast natürlich über das spezifische Hintergrundwissen verfügen, um die Platzwahl richtig zu interpretieren. Es ist sehr vorteilhaft, wenn Sie zusätzlich über kulturspezifische Kenntnisse des Projektlands verfügen. Daher ist ein interkulturelles Ländertraining sehr zu empfehlen.

Übung 5

Gemeinsam mit einem französischen Kollegen berichten Sie im Gremium über ein aktuelles Projekt. Sie bereiten die Unterlagen zusammen vor und diskutieren über die Vorgehensweise. Trotz gewisser Meinungsunterschiede können Sie den Kollegen davon überzeugen, die Präsentation nach Ihrem Vorschlag durchzuführen. Sie sind mit dem Vorbereitungsgespräch zufrieden. Merkwürdig ist jedoch, dass der französische Kollegen, als Sie ihn nach der Arbeit zu einem Kaffee einladen, ohne große Erklärungen ablehnt. Sie verstehen diesen Stimmungsumschwung nicht.

Versuchen Sie zuerst, die Lage selbst einzuschätzen. Denken Sie nach, was Sie unternehmen würden, ohne die Erklärung vorher zu lesen.

Erklärung:

Bei einer geschäftlichen Auseinandersetzung neigen deutsche Ingenieure dazu, kurz, bündig und direkt auf den Punkt zu kommen. Im Fall von Meinungsunterschieden scheuen sie sich nicht, die eigene Meinung offen und ehrlich zu äußern. Was sie dabei oft übersehen, ist die Entstehung einer gewissen Ablehnung, die zwar nicht verbalisiert wird, die aber dennoch im Raum steht. Gegensätzliche Meinungen, die nicht deutlich verbalisiert werden, werden auch nicht als ernsthaftes Argument wahrgenommen. Das führt in der Praxis internationaler Zusammenarbeit häufig dazu, dass Gespräche „einseitig" geführt werden, und die Partner auf halber Strecke „steckenbleiben".

Kulturabhängig wird eine Handlung von Land zu Land unterschiedlich bewertet. Offenheit und Zielstrebigkeit werden im deutschen Kulturkreis als Ehrlichkeit und Durchsetzungsvermögen geschätzt. In einem anderen Kulturraum werden diese Tugenden unter Umständen aber als Grobheit gesehen. Eine intensiv ausgeübte Streitkultur ist in der Regel von „lebhaften" Diskussionen begleitet und man versucht dabei, sich durchzusetzen. Genau dieses Verhalten empfinden Menschen aus bestimmten Kulturkreisen als aufdringlich und unhöflich. Im schlimmsten Fall könnte die sachlich bezogene Absicht missverstanden, und die andere Person als aggressiv abgestempelt werden.

Weiterhin tendiert die deutsche Streitkultur dazu, den anderen bei der Diskussion Unrecht zu unterstellen. Die französische Höflichkeit hingegen neigt dazu, ein Lob auszusprechen, auch wenn man mit der Meinung der anderen nicht einverstanden ist. Dies sind zwei grundsätzlich verschiedene Kommunikationskonzepte.

Es ist daher dringend zu empfehlen, die Fähigkeit zur Empathie, die eigentlich von Natur aus in jedem Menschen steckt, während der Verständigung mit ausländischen Partnern zu aktivieren und verstärkt zum Einsatz zu bringen. Nur so kann man einen möglichen „Kommunikationsverlust" minimieren.

Übung 6

Ihr malaysischer Partner beantwortet eine von Ihnen gestellte Frage im Meeting nicht. Wie schätzen Sie die Situation ein? Was unternehmen Sie, um die für Sie wichtigen Informationen zu erhalten?

Versuchen Sie zuerst, die Lage selbst einzuschätzen. Denken Sie nach, was Sie unternehmen würden, ohne die Erklärung vorher zu lesen.

Erklärung und Handlungsvorschlag:

Es könnte diverse Gründe geben, warum Ihre malaysische Kontaktperson schweigt. Einer davon könnte sein, dass sich gewisse Probleme und Komplikationen vor Ort ergeben haben. Wenn die Gründe personelle Schwierigkeiten oder firmeninterne Meinungsunterschiede sind, wird er das im Meeting nicht sagen wollen. Sie müssen geschickt mit der Situation umgehen. Achten Sie hier besonders auf die Formulierungen Ihrer Sätze. Die direkte und unverblümte deutsche Art der Fragen ist oft die Hauptursache, die Asiaten bei einem Verständigungsversuch abschreckt. Helfen Sie Ihrem Partner dabei, die Situation auf seine Art zu erklären, indem Sie Ihre Fragen in umformulieren, so dass sie „offener" bleiben wie zum Beispiel: „Wie ist Ihrer Meinung nach…" oder: „In wieweit könnte…".

Es könnte auch sein, dass er keine Befugnis hat zu antworten. Es ist auch durchaus möglich, dass er die Antwort schlicht nicht weiß. Das zuzugeben, wäre ihm aber sehr unangenehm. Wenn Sie also eine Antwort haben möchten, fragen Sie ihn nach dem Meeting unter vier Augen nochmals. Ein weiterer Grund könnte sein, dass er sich offiziell nicht dazu äußern darf. Aber in einer „diskreten Umgebung" könnte er Ihnen einen Hinweis geben oder sich Ihnen anvertrauen (Abb. 3.8).

Abb. 3.8 Petronas Twin
Towers, Kuala Lumpur/
Malaysia

3.2.3.4   Verhandlungstechnik

Die Verhandlungstechnik bei einem Projekt ist in West und Ost ebenfalls unterschiedlich. Während sich Europäer grundsätzlich mit den sachlichen Aspekten beschäftigen, bemühen sich Asiaten zugleich um die Wahrung einer harmonischen Arbeitsatmosphäre. In der asiatischen Kultur wird daher ein „Nein" nicht direkt ausgesprochen, sondern umschrieben. In anderen Kulturen hingegen versteht man das so, dass, solange kein direktes „Nein" verbalisiert wird, immer noch Hoffnung auf eine Übereinkunft besteht. Also wird nachgehakt. Keiner der beiden Partner möchte, dass Gespräche „sinnlos" in die Länge gezogen werden. Also drängelt der westliche Partner noch stärker. Der asiatische Partner gibt vielleicht scheinbar nach, aber die Verhandlungen bewegen sich weiterhin auf der Stelle. Genau hier entsteht häufig ein Reibungspunkt.

Wie andersgeartet die Verhandlungstechniken des Partners auch sein mögen, achten Sie darauf, zuerst die wichtigste Grundlage zu etablieren, nämlich den gegenseitigen Respekt. Es ist unmöglich, dass Projektmanager innerhalb der Kürze der Projektdauer zu Kulturexperten werden, was auch nicht zwingend notwendig ist. Kulturelle Missverständnisse können durchaus auf anderen Wegen kompensiert werden. Das Ziel der Verhandlung ist ja, sich auf eine für beiden Parteien akzeptable Lösung zu einigen. Oft geht es dabei um den guten Willen, nicht nur um die Fähigkeit zur Einigung. Setzen Sie hierfür Ihr intellektuelles Können ein. Die menschliche Natur und ihre grundlegenden Bedürfnisse sind weltweit ähnlich. Bemühungen und Rücksichtnahme bei sachlichen Uneinigkeiten können in vielen Ländern die Partner zu einer einvernehmlichen Lösung motivieren.

3.2.4 Landesspezifische Arbeitsmethoden

Eine weitere Herausforderung bei einem Auslandsprojekt sind die Arbeitsbedingungen vor Ort. Genau hier verbirgt sich ein großes Reibungspotential. Das größte Hindernis dabei entsteht oft durch falsche Annahmen des Projektmanagers. Globalisierung und Prozessstandardisierung führen leicht zu dem Irrglauben, dass die Projektausführung weltweit identisch sei, sofern man sich an die vorgegebenen PM-Standards hält. Zwar werden die Verfahren und deren Strukturen einheitlich festgelegt, die Rahmenbedingungen sind aber projekt- und landesabhängig unterschiedlich. Deswegen variiert auch die tatsächliche Handhabung der Projektabwicklung. Die Risikofaktoren dabei sind vor allem länderspezifische Handlungsweisen, lokale Richtlinien, Abmachungen und andere Gegebenheiten, die für Menschen im Projektaustragungsland selbstverständlich, Ausländern jedoch fremd sind. Werden dem Team die möglichen Unterschiede nicht bewusst gemacht, kann es passieren, dass alle Beteiligten davon überzeugt sind, sich geeinigt zu haben. Trotzdem hat aber jeder eine völlig andere Darstellung im Kopf.

Der Teufel steckt in den Details. Meist werden Andersartigkeiten und Unterschiede erst während der Umsetzung entdeckt und zu spät wahrgenommen. Dadurch werden Projektleiter oft ganz überraschend aus der Bahn geworfen. Ungewollt verbrauchen sie sehr viel Zeit und Energie für die Koordination in der Niederlassung und rennen auf diese Weise „dem Projekt hinterher". Um derartige Überraschungen im Projektalltag zu reduzieren, müssen Projektmanager stets wachsam bleiben. Sollten Sie sich bei bestimmten Vorkommnissen unsicher sein, ist es ratsam, zeitnah nachzufragen. So können Sie schnell auf Situationen reagieren und bei Bedarf noch rechtzeitig improvisieren.

3.2.4.1 Branchenübliche Spielregeln

Die Projektleitung sollte sich frühzeitig über die branchenüblichen Spielregeln des Projektlandes informieren und diese bei der Planung berücksichtigen. So lassen sich unvorhersehbare Risiken weitgehend minimieren oder sogar vorzeitig einplanen. Dieses Wissen durch eigene Erfahrungen zu sammeln kann ein langwieriger und schmerzvoller Prozess sein. Die effektivere Lernmethode sind Gespräche mit lokalen Geschäftspartnern und unabhängigen Beratern.

Übung 7

Sie besuchen einen koreanischen Kunden in Seoul und kommen pünktlich zum Meeting. Da der Manager zu diesem Zeitpunkt noch eine Besprechung mit einem Mitarbeiter führt, setzten Sie sich vor das Büro und warten. Die Bürotür ist nicht ganz geschlossen. Sie können deutlich hören, dass der Manager in einem extrem harten Ton mit dem Mitarbeiter spricht. Etwas später verlässt der Mitarbeiter eingeschüchtert den Raum und Sie werden ins Büro gebeten. Der koreanische Kunde empfängt Sie freundlich, so als ob nichts vorgefallen wäre.

Der Vorfall, Mitarbeiter quasi öffentlich hörbar zu beschimpfen, ist nach deutschem Verständnis undenkbar. Will der Kunde vielleicht etwas demonstrieren und Ihnen damit etwas mitteilen? Oder ist der Zwischenfall nach koreanischen Geschäftsgepflogenheiten völlig normal? Wie dürfen Sie das verstehen? Wie schätzen Sie die Lage ein? Sollten Sie den Kunden darauf ansprechen?

Versuchen Sie zuerst, die Lage selbst einzuschätzen. Denken Sie nach, was Sie unternehmen würden, ohne die Erklärung vorher zu lesen.

Erklärung:

Es kann in Asien durchaus passieren, dass ein Vorgesetzter einen Mitarbeiter zum Beispiel aus Enttäuschung über ein Arbeitsergebnis zurechtweist. Wenn der Gast das nun miterlebt, ist das sicherlich ungeschickt, aber es muss nichts bedeuten. Den Vorfall zu thematisieren steht ihm nicht zu. Das ist eine firmeninterne Angelegenheit, und der Gast sollte sich hier auf keinen Fall einmischen. Das angemessene Verhalten für Sie wäre so zu tun, als hätten Sie den Vorfall überhaupt nicht bemerkt. Um es dem Manager zu ermöglichen, innerlich wieder zur Ruhe zu kommen, steigen Sie nicht sofort in die geschäftliche Besprechung ein, sondern machen Sie stattdessen lieber etwas Small Talk. Überlassen Sie es unauffällig dem Manager, das Gesprächstempo und -thema zu bestimmen.

Da Koreaner gute Taktiker sind, ist es aber nicht ganz auszuschließen, dass die Zurechtweisung des Mitarbeiters für Sie inszeniert wurde, um Ihnen eine bestimmte Nachricht zu vermitteln. War der Kontakt mit dem Kunden bereits vorher schwierig, könnte er jetzt im Meeting höchst komplizierte Forderungen an Sie stellen. Vielleicht distanziert er sich auch von Ihnen, oder weicht dem Thema aus und verbreitet eine gewisse Gefühlskälte. In so einem Fall könnte es tatsächlich sein, dass er und sein Mitarbeiter Ihnen Theater vorgespielt haben. Aber im vorliegenden Fall war der Kunde nach dem Vorfall freundlich und gesprächig, was eine absichtliche Inszenierung für Sie ausschließt.

3.2.4.2   Die realen Ausführungspraktiken

Erfahrungsgemäß haben landesspezifische Arbeitsmethoden und -rhythmen großen Einfluss auf das Projektergebnis. Beispielsweise sind deutsche und Schweizer Ingenieure daran gewöhnt, bei einem Projekt ganzheitlich und nach Plan zu arbeiten, während Chinesen und Inder lieber stufenweise vorgehen. Diese sind es auch gewohnt, auf spontan entstehende, neue Situationen schnell zu reagieren, während die europäischen Kollegen dazu mehr Zeit brauchen. Auch dabei entstehen oft Reibungspunkte.

Wenn Sie Ihr Vorhaben nicht wie gewünscht durchführen können, sprechen Sie mit Ihren einheimischen Vertrauenspersonen und fragen Sie nach möglichen Gründen. Ihre vorherigen Bemühungen um das Beziehungsmanagement zeigt jetzt Wirkung. Fragen Sie also ruhig nach und nutzen Sie alle Tipps und Ratschläge, um Ihre Führungsmethode zu verbessern.

> **Ein kleine Geschichte zum Lächeln**
>
> Im Spielfilm „Micky Blue Eyes" wird ein netter ahnungsloser Engländer, (Hugh Grant), unfreiwillig von dem liebenswerten, aber trickreichen Vater seiner Verlobten, der Mitglied eines Mafia-Clans ist, ins New Yorker Mafia-Geschäft eingeführt. Als seine Braut den Sohn des Mafiabosses bei einem Streit mit Grant unbeabsichtigt tötet, versuchen Grant und der Vater der Verlobten die Tat zu vertuschen, was leider nicht funktioniert. Der Mafiachef ordnet daher an, dass der zukünftige Schwiegervater den Bräutigam während der Hochzeit erschießen soll, und zwar wenn er gerade die Ansprache hält. Grant und der Vater suchen Hilfe beim FBI, das schon seit Jahren hinter dem Mafiaboss her ist. Sorgfältig arbeitet das FBI nun einen rettenden Plan aus. Die Hochzeit soll wie geplant stattfinden, aber die beiden sollen den Mafiaboss zu einem Geständnis verleiten. Nach dem Hochzeitsmahl, also noch vor der Ansprache des Bräutigams, will das FBI zuschlagen und die zwei Überläufer retten. Durch Zufall stellen die Beteiligten schockiert fest, dass ein riesiges Missverständnis vorliegt. Bei einer amerikanischen Hochzeit findet nämlich die Ansprache des Bräutigams erst nach dem Dessert, bei einer italienischen Hochzeit dagegen noch vor Beginn der Mahlzeit statt.

3.2.4.3   Dokumentation und Aufzeichnung

Die Wichtigkeit von Dokumentationen und Aufzeichnungen wird in verschiedenen Ländern sehr unterschiedlich wahrgenommen. Während die Deutschen und Schweizer großen Wert auf korrekte Aufzeichnungen und sorgfältige Archivierung legen, wird dies in China und Taiwan eher vernachlässigt. Man braucht daher eine

Methode und eine zusätzliche Motivation, um regelmäßige Dokumentation und sorgfältige Archivierung durchzusetzen.

3.2.4.4 Schulung und Training

Häufig liegt der Schwerpunkt einer Schulung auf der Weitergabe von Technik und Prozessen. Arbeitseinstellung und Mentalität bleiben meist unbeachtet. Ein nachhaltiger Effekt kann also damit nicht erzielt werden. Wenn es darauf ankommt, können Chinesen auch sehr schnell arbeiten, um Erfolg vorzuweisen. Dabei wird aber häufig nicht auf die Arbeitsqualität geachtet. Es kann jedoch auch passieren, dass sie übergenau mit der Kontrolle der Produktqualität umgehen. Dann werden Erzeugnisse, die nur minimal von der Qualitätsanforderung abweichen, kompromisslos weggeworfen. Hier sind Mitarbeiter gefragt, die mitdenken und die Produkte zum Beispiel durch Nacharbeit verbessern und dadurch die Produktionskosten senken. Will man, dass die ausländischen Mitarbeiter den eigenen Qualitäts- und Arbeitsanspruch verinnerlichen, muss man sie mental davon überzeugen. Ansonsten droht jederzeit ein Rückfall in die althergebrachten Methoden.

Unter der Berücksichtigung chinaspezifischer Lernmethoden könnte das deutsche Meister-Lehrling-System zum Einsatz kommen. Bei der Gestaltung einer Schulung sollte man sich nicht nur auf die Überwindung der passiven Haltung der Chinesen im Schulungsraum konzentrieren. Parallel dazu sollte das „Vater-Sohn"-ähnliche Verhältnis zwischen Schulungsleiter und Schulungsteilnehmern positiv genutzt werden.

Anwendung des Kulturmanagements in der Betriebspraxis

4

Globale Zusammenarbeit gibt es bereits seit Jahrzehnten. Ein Beispiel wäre das Geschäftsmodell der Entwicklung in Deutschland und der Produktion in Asien oder Südamerika, was heute bereits eine etablierte Praxis ist, um Produktionskosten zu senken. Das betriebliche Kulturmanagement dagegen wird, wenn überhaupt, bis heute in den Industrien nur zweit- oder drittrangig behandelt. Oft macht man sich in der Projektabwicklung erst kurz vor dem Kick-Off Gedanken darüber, wie die ausländischen Partner in den Projektplan eingebunden werden sollten, siehe Abb. 4.1. Auslandsrelevantes Risikomanagement wird nur ungenügend praktiziert. In der Praxis geschieht es dann häufig, dass der Projektleiter bei einer internationalen Geschäftsverbindung ungewollt in eine passive Rolle gedrängt wird und auf gewisse Ereignisse nur noch reagieren kann. Sobald also ein Konflikt „ausbricht", rennt er sozusagen mit dem „Feuerlöscher" hinterher, wenn es eigentlich bereits zu spät ist.

Erfahrungsgemäß verbergen sich hinter vielen Sachkonflikten personelle und kulturelle Einflussfaktoren. Löst man das fachliche Problem, ohne die wirklichen Konfliktwurzeln zu behandeln, werden sich weitere Konfrontationen in anderer, scheinbar sachlicher Form ergeben und der Teufelskreis geht weiter. Zeitverzug, ein unzureichendes Projektergebnis und ein gestresstes Team sind die Folge.

Aktive Lenkung – Integration des Kulturmanagements in den Projektplan Der Grund dafür, warum kulturellen Einflussfaktoren in der Projektabwicklung so wenig Aufmerksamkeit geschenkt wird, liegt daran, dass Konflikte bei der internationalen Zusammenarbeit oft nicht sofort sichtbar werden, und die daraus entstehenden Kosten nicht konkret messbar sind (Simon 2010). Erfahrene Manager wissen jedoch, dass die Administrationskosten durch geschicktes Kulturmanagement gesenkt werden können. Im betrieblichen Kulturmanagement wird die Aufmerksamkeit des Projektmanagers meist von viel Kleinarbeit beansprucht.

© Springer Fachmedien Wiesbaden 2016

J. Huang, *Optimierung des globalen Projektmanagements,* essentials,

DOI 10.1007/978-3-658-11262-2_4

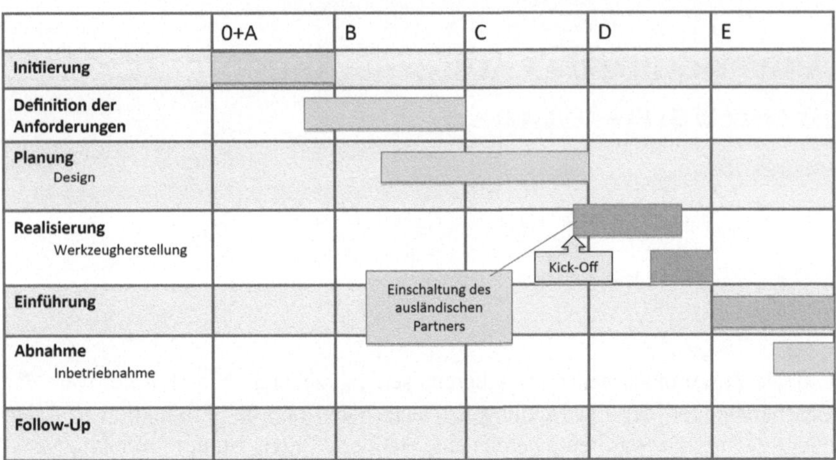

Abb. 4.1 Entwicklung und Einführung eines industriellen Neuprodukts

Kulturmanagement an sich ist relativ einfach. Man benötigt dazu frühzeitige Planung, Wachsamkeit und ein ausgeprägtes Fingerspitzengefühl für die Wechselwirkung bei zwischenmenschlichen Begegnungen.

Noch in der Planungsphase sollte sich der Projektmanager neben den Sachthemen bereits Gedanken über einen Zusatzplan zur erfolgreichen Durchführung des Auslandsprojekts machen. Hier geht es zum Beispiel um die Fragen, wann man welche Mittel für welche Zwecke einsetzen sollte? Zu welchem Zeitpunkt und wo sollte man sich intensiv um gewisse Einflusspersonen kümmern?

Die Planung des Kulturmanagements startet mit der Definition der Etappenziele und den dazu gehörigen Aufgaben. Danach werden die dafür geeigneten Werkzeuge aus den vier interkulturellen Werkzeugfächern, (A) Globale Teamführung, (B) Beziehungsmanagement, (C) Kommunikation und Verständigung und (D) Landesspezifische Arbeitsmethoden ausgewählt und in den Projektplan mit aufgenommen. Strategisches Denkvermögen, die ständige Überwachung während der Umsetzung und flexible Reaktionen auf eventuelle Ereignisse und Gegebenheiten gehören mit zum Erfolgsrezept. Nur so kann ein maximaler Effekt mit minimalem Zeit- und Energieaufwand erreicht werden. Erfahrungen aus der Praxis zeigen deutlich: je früher man damit anfängt, sich um das interkulturelle Gleichgewicht im Projektalltag zu kümmern, desto mehr Ärger erspart man sich später. Abbildung 4.2 und Tab. 4.1 zeigen ein Umsetzungsbeispiel mit den konkreten Schritten im Fall der Einführung eines industriellen Neuprodukts.

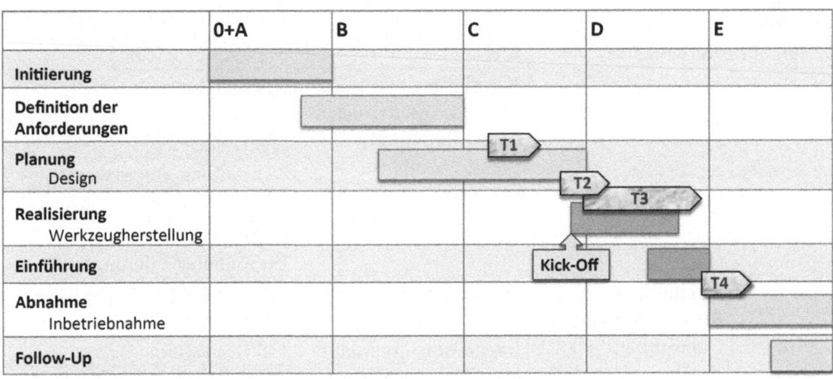

Abb. 4.2 Integration des Kulturmanagements in den Projektplan

Tab. 4.1 Anwendungsbeispiel der Kulturmanagement-Werkzeuge in einem Ostasien-Projekt

Zeitpunkt	Aufgaben	Ziel	Werkzeugvorschläge
T1	Identifizierung des ausländischen Ansprechpartners, des Entscheidungsträgers sowie der relevanten Einflusspersonen	Einbindung der Stakeholder 1.Grades	(B) Beziehungsmanagement
			Austausch von Interessen und Ziele
		Annäherung der Vorstellungen	(C) Kommunikation und Verständigung
			Direkte und indirekte Kommunikation
		Machbarkeitsprüfung des Umsetzungsplans vor Ort	(D) Branchenübliche Spielregeln und Ausführungspraktiken
T2	Kick-Off-Workshop	Vermittlung des Projekts, Ziel, Vorgehensweise und Aufgabenverteilung	(C) Kommunikation und Verständigung
		Einbindung der Teammitglieder	(A) Teambildung
			Kennenlernen
			Festlegung der Teamregeln
			Bildung von Vertrautheit und Vertrauen
			(B) Beziehungsmanagement

Tab. 4.1 (Fortsetzung)

Zeitpunkt	Aufgaben	Ziel	Werkzeugvorschläge
		Vermittlung von Wissen und Arbeitsweisen	(D) Schulung
		Stabilisierung der Führungsrolle	(A) Leadership
			Vermittlung von Erwartung
			Annäherung der Arbeitsmentalitäten
			Persönlicher Führungsstil
T3	Ausführung, Koordination und Controlling	Qualitätsmanagement	(D) Landesspezifische Arbeitsmethode
		Integration – reibungslose Zusammenarbeit	(A) Leadership
			(C) Kommunikation und Verständigung
		Risikomanagement und Umweltüberwachung	(B) Stakeholder- und Netzwerkmanagement
			(C) Kommunikation und Verständigung
T4	Follow-up	Archivierung der Projektdaten	(D) Dokumentation
		Sicherstellung der Nachhaltigkeit des Projektergebnisses	(C) Kommunikation und Verständigung

Vermeidung persönlicher Stolpersteine – Risikofaktoren in internationalen Geschäftsbeziehungen

5

Bei der Übernahme eines Auslandsprojekts muss der Projektmanager immer damit rechnen, dass es eventuell neue und andere Konfliktfaktoren als in seinem Heimatland geben könnte. Neben den länderspezifischen Geschäftsgepflogenheiten sind das andersartige Denken und die Erwartungen im sozialen Berufsumfeld häufig die Hindernisse für eine erfolgreiche Zusammenarbeit. Konflikte in diesen Bereichen lassen sich oft nur schwer mit den Begriffen Recht oder Unrecht, richtig oder falsch beurteilen. Das interaktive Zusammensein auf Zeit, eine Kerneigenschaft des Projekts, fordert aber von den Beteiligten, zügig auf Ereignisse zu reagieren. Ohne ein dafür geeignetes Konzept führt das bei Spontanreaktionen häufig zur voreiligen Beschlüssen und kontraproduktiven Handlungen. Daher ist es neben der Zusammenstellung eines persönlichen Kulturmanagement-Werkzeugkastens genauso wichtig für den Projektmanager, gleichzeitig weiter an sich selbst und an seinen eigenen Methoden zu arbeiten. Nur dadurch kann er es vermeiden, sich selber im Weg zu stehen.

Mögliche Risikofaktoren im persönlichen Auslandsengagement:

1. Unsicherheit

Eine der Rahmenbedingungen eines Globalprojekts ist das gleichzeitige Aufeinandertreffen verschiedener Geschäftsgebräuche. Ist man noch nicht mit den fremden Sitten vertraut und will man trotzdem unbedingt alles richtig machen, kann das dazu führen, dass man manchmal zu viel oder auch zu wenig agiert. Eine oft zu beobachtende Situation ist übertriebene Höflichkeit dem ausländischen Partner gegenüber. Auch wenn das gut gemeint ist, ist diese Art für niemanden angenehm und wirkt künstlich und aufgesetzt.

© Springer Fachmedien Wiesbaden 2016

J. Huang, *Optimierung des globalen Projektmanagements,* essentials,

DOI 10.1007/978-3-658-11262-2_5

Übung 8

Sie haben chinesische Partner zu Besuch und bereiten Tee für den Empfang vor. Zusätzlich organisieren Sie Kuchen zum Tee. Damit die Gäste sich wie zuhause fühlen, überlegen Sie, anstatt der Kuchengabeln Stäbchen zum Kuchenessen anzubieten. Ist das eine gute Idee oder sollen Sie es lieber lassen?

Versuchen Sie zuerst, die Lage selbst einzuschätzen. Denken Sie nach, was Sie unternehmen würden, ohne die Erklärung vorher zu lesen.

Erklärung:

Kuchen zum Tee und Kaffee ist eine Sitte aus den Westen. Genauso wie in Europa isst man in China Kuchen mit Gabel oder Löffel. Legen Sie statt der Gabeln Stäbchen auf dem Tisch, werden die Chinesen sich in dieser Situation gezwungen fühlen, die Stäbchen zu nehmen und den Kuchen auf ungewohnte Weise zu essen. Wohlfühlen tun sie sich dabei sicher nicht.

Ist man in einer derartigen Situation unsicher, sollte man grundsätzlich den anderen mit der angemessenen Höflichkeit und Art des eigenen Landes begegnen. Die Gäste freuen sich bestimmt darüber, fremde Sitten kennenlernen zu dürfen. Andererseits freuen sie sich auch darüber, wie Einheimische in die Gruppe integriert zu werden. Machen die Gäste dabei etwas falsch, dann sieht der Gastgeber einfach elegant darüber hinweg. So verliert niemand sein Ansehen.

2. Falsche Erwartung

Viele Manager sind bemüht, sich als Vorbereitung über Werte und Gebräuche anderer Länder zu informieren. Das ist absolut empfehlenswert, denn nur durch eigene Erfahrungen erkennt man, wie man die kulturellen Werkzeuge optimal handhaben sollte. Vermeiden Sie dabei jedoch, zu viel zu erwarten. Wie so oft im Leben könnte ein Plan nicht wie gewünscht aufgehen oder es ergibt sich ein anders Resultat. Bei zwischenmenschlichen Begegnungen kann es manchmal personen- und situationsbedingt durchaus kompliziert werden. Das heißt, was Sie (mit-)machen, könnte nicht (sofort) entsprechend belohnt werden. Manchmal dauert es eine Weile, bis sich die Wirkung Ihrer Bemühungen zeigt.

Der Aufbau von „Vertrauen" in Asien ist ein gutes Beispiel. Es ist mittlerweile bekannt, dass Asiaten besonderen Wert darauf legen, ein vertrauensvolles Arbeitsverhältnis zu den Kollegen aufzubauen. Was dabei erwartet wird, ist nichts anderes als in der deutschen Sprache das sogenannte gute Betriebsklima. Was sich noch weiter daraus entwickelt, ist dann sehr individuell und situationsabhängig. Ob eine tiefe Freundschaft daraus entsteht, kann man nicht wirklich vorhersagen. Es ist wie beim Tango-Tanzen: die Tänzer können unermüdlich noch so sehr an der eigenen Technik feilen – ein schöner Tanz ergibt sich von sich selbst und lässt sich nicht erzwingen.

Auch wenn sich eine Geschäftsbeziehung nicht wie erwartet entwickelt, oder Sie feststellen, dass der andere lediglich Interesse am Profit hat, lassen Sie sich deswegen auf keinen Fall entmutigen. Ihre jeweiligen Bemühungen helfen Ihnen dabei, das Geschehen und den feinen Kontext besser zu verstehen. Viele Sachen muss man einfach selbst erleben und am Ende werden Sie Ihr eigener Meister. Sollten Sie eine bestimmte Person auch bei gutem Kulturmanagement aus irgendeinem Grund nicht für sich gewinnen können, seien Sie versichert, dass Ihre Bemühungen bereits das gesamte System überzeugt haben. Ihre interkulturelle Intelligenz ist auf jedem Fall weltweit eine vorteilhafte Kompetenz.

Übung 9

Eine junge Führungskraft bemüht sich, bei der Aufnahme der neuen Arbeit als Kontrolleur eine freundschaftliche Atmosphäre mit einem älteren Manager in Seoul zu schaffen. Alle Bemühungen des deutschen Managers zur Annäherung laufen ins Nichts. Der Koreaner mit längerer Firmenzugehörigkeit reagiert einfach nicht auf den Small Talk des neuen Kollegen aus Deutschland. Er bleibt förmlich und verhält sich stets rein sachlich. Wie beurteilen Sie die Situation?

Versuchen Sie zuerst, die Lage selbst einzuschätzen, ohne die Erklärung vorher zu lesen.

Erklärung:

Um zu verstehen, warum sich der Koreaner nicht auf die freundschaftlichen Kontaktversuche des Deutschen einlässt, hilft es, die gesellschaftlichen Benimm-Regeln Südkoreas zu kennen. Zum einen ist der koreanische Manager älter, verfügt über größere Branchenerfahrung und arbeitet viel länger in der Firma. Als Seniormanager steht er nach koreanischem Verständnis in einer deutlich höheren sozialen Stellung, wobei ihm der jüngere Kollege den entsprechenden Respekt erweisen sollte.

Die Situation im vorliegenden Fall ist etwas kompliziert, weil nun der deutsche Kollege in der Hierarchie höher steht und ihn außerdem auch noch kontrollieren soll. Auch wenn der Koreaner persönlich nicht unglücklich darüber ist, ist zu vermuten, dass er das kollegiale Verhältnis lieber sachlich belassen und rein professionell zusammenarbeiten möchte.

Eine Annäherung in dieser Situation ist nicht einfach und es dauert erfahrungsgemäß etwas länger, bis sich eine Wirkung zeigt. Der deutsche

Manager sollte nicht aufgeben und bei Gelegenheit versuchen, mit dem koreanischen Kollegen ein Bier zu trinken oder zum Essen zu gehen, um ein persönliches Kennenlernen zu ermöglichen.

Es gibt ab und zu gewisse kulturelle Prägungen, die nur schwer zu überwinden sind. In diesen Fällen hilft die allgemein gültige Weisheit, dass man sich Respekt verdienen muss. Am besten kann man die anderen noch immer durch Taten überzeugen (Abb. 5.1).

3. Fehlinterpretation

Es ist nicht immer so einfach, bestimmte Handlungen oder Nicht-Handlungen des Partners richtig zu verstehen. Am schwierigsten dabei ist oft die dahinter versteckte Logik oder Absicht, die zwar im heimischen Kulturkreis ganz selbstverständlich richtig interpretiert wird, bei Menschen aus anderen Kulturen aber manchmal schwer erkennbar ist. Viele Sachen erklären sich später von selbst und im nach hinein versteht man den Ablauf bestimmter Geschehnisse oft besser. Aber bis dahin hat man doch häufig den Eindruck „im Nebel zu stehen". Ein Projektmanager kann jedoch bei einem Projekt keine Unklarheiten hinnehmen und das Ergebnis dem Zufall überlassen.

Abb. 5.1 Das Stadtbild von Seoul/Südkorea

Es sind meist Kleinigkeiten im Projektalltag, die irreführend sind. Da wartet man zum Beispiel dringend auf die Antwort des Partners am anderen Ende der Welt, aber es kommt einfach keine. Man überlegt also, wann man nachfragen sollte, ohne den Partner unangemessen unter Druck zu setzen. Dann kommt endlich eine Antwort, aber sie bezieht sich nicht auf die gestellte Frage. Ein anderes Beispiel wäre, dass ein indischer Partner die gleiche Frage wiederholt stellt, obwohl Sie sie bereits mit ihm geklärt haben. Langsam fragen Sie sich, ob der Inder Sie vielleicht doch nicht verstanden hat? Sollen Sie ihm das Ganze nochmal erklären? Oder möchte er eigentlich etwas ganz anderes wissen? Ein weiterer Fall wären Erinnerungs-Mails aus China. Was bedeutet es, wenn Sie dieselbe Email mit identischem Inhalt fünfmal innerhalb weniger Stunden erhalten? Will der chinesische Partner Sie damit unter Druck setzen, oder was will er Ihnen wirklich sagen?

Die Lage könnte auch umgekehrt sein, nämlich dass Sie die anderen missverstehen. Ein Beispiel hierfür wäre ein deutscher Manager, der mit den russischen Kollegen ganz sachlich über die Schwierigkeiten diskutiert, die während des Abwicklungsprozesses entstehen. Allmählich verhält sich nun der russische Kollege immer passiver und wirkt unbeteiligt. Später beschwert er sich bei den anderen, dass man mit dem deutschen Partner einfach nicht reden könne. Aus der Sicht des Deutschen verlief die Diskussion jedoch einwandfrei und planmäßig. Was könnte hier schiefgelaufen sein?

Wenn man sich zu sehr sachlich konzentriert, hat man oft nur die Arbeit und das Ziel vor Augen. Zielstrebige Sachlichkeit wird gleichzeitig oft von der deutschen Streitkultur begleitet. Man kann sich damit zwar durchsetzen, aber es besteht die Gefahr, dabei den Partner zu „verlieren". Genau das könnte der Grund für die Entfremdung des ausländischen Kollegen sein.

Das Wissen über Ländergepflogenheiten verstärkt beim Projektmanager die Fähigkeit, relevante Sachverhalte zu erkennen und zwischenmenschliche Handlungen richtig zu deuten. Im globalen Zeitalter ist es eine Voraussetzung für den Erfolg, mit viel Feingefühl Konfliktursachen nach ihren sachlichen, personellen oder kulturellen Wurzeln zu identifizieren und ein Vorkommnis als Ganzes lösungsorientiert zu behandeln.

Übung 10

Die Farben Schwarz und Weiß sind in ostasiatischen Ländern wie Japan, Korea und China Trauerfarben. Daher sollte man bei einem Geschäftsbesuch in diesen Ländern keinen schwarzen Anzug mit weißem Hemd anziehen. Ist das richtig oder falsch?

> Versuchen Sie zuerst, die Lage selbst einzuschätzen, ohne die Erklärung vorher zu lesen.
>
> **Antwort:**
>
> Diese Annahme ist falsch. Schwarz und Weiß sind in Ostasien zwar die Farben bei Trauerfeiern, aber im Geschäftsleben hat das keinen Einfluss auf die Kleiderordnung. Man darf ohne Bedenken einen schwarzen Anzug mit weißem Hemd oder eine weißen Bluse im Büro tragen.
>
> Bei den Geschenken für Geschäftsfreunde sollten Sie aber schon darauf achten, kein schwarzes und/oder weißes Geschenkpapier zu verwenden.

4. Falsche Einschätzung oder voreilige Annahme

Der adäquate Umgang mit ausländischen Partnern ist der Einstieg in die Projektarbeit, der Erfolg garantiert. Jede Gesellschaft hat ihre Spielregeln. Sie zu kennen ist immer von Vorteil. Persönliche Erfahrungen und Erfahrungsberichte von anderen sind dabei gute Hilfsmittel, um sich zu orientieren. Aber diese Erkenntnisse strikt als einzige Handlungsrichtlinien herzunehmen, könnte eventuell die eigene Objektivität behindern.

Jedes Projekt ist in seiner Art und seinem Umfang nach einzigartig. Die Konstellation des Projektumfelds und die beteiligten Menschen sind in der Regel unterschiedlich, daher ist der Verlauf der Ereignisse auch dementsprechend dynamisch. Wichtig dabei ist es, eine unvoreingenommene Haltung zu bewahren sowie die Projektlage und die Beteiligten zuerst neutral zu beurteilen. Es ist ratsam, zu Beginn jeder Zusammenarbeit mit einem neuen Team einen gewissen Entwicklungsfreiraum zuzulassen. Eine derartige interkulturelle Vorarbeit ist insbesondere bei der Durchführung in einem Projektneuland wichtig.

Übung 11

Um den neuen Lieferanten aus Taiwan dazu zu bringen, die angeforderten Unterlagen schnellstmöglich zu liefern, setzt ein Projektkoordinator den Partner von Anfang an unter Druck. Bei jeder Emailanfrage betont er die Dringlichkeit. Nach einiger Zeit bearbeitet der Lieferant die Anfragen aus Deutschland nur noch zögernd. Arbeitet der asiatische Lieferant unprofessionell? Sollte der Koordinator nach einem neuen Lieferanten suchen?

Versuchen Sie zuerst, die Lage selbst einzuschätzen. Denken Sie nach, was Sie unternehmen würden, ohne die Erklärung vorher zu lesen.

Erklärung:

Es ist richtig, dass viele chinesischen Firmen langsam auf Kundenanfragen reagieren. Aber das zu verallgemeinern und alle Firmen gleich von Anfang an unter Druck zu setzen, ist sicherlich eine schlechte Methode. In der Tat arbeiten viele Firmen in China auf eine eher provisorische und unprofessionelle Art. Bei einigen herrscht jedoch durchaus modernes Management und hohe Professionalität.

Oft werden Chinesen und Taiwaner von Deutschen begrifflich zusammengemischt. Dank dem frühen Einstieg in die freie Marktwirtschaft und dem intensiven Kontakt zu Westlern arbeiten Taiwaner in der Regel mit großer Professionalität. Eine Erklärung für die Vorgehensweise des deutschen Einkäufers könnten frühere negative Erfahrungen mit chinesischen Lieferanten sein.

Wer aber einen neuen Partner aufgrund eigener Vorannahmen grundlos unter Druck setzt, schadet nur sich selbst. Eine Zusammenarbeit ist nie eine einseitig Sache, sondern gebunden an wechselseitige Reaktionen. Genauso wie in Deutschland merkt auch der Partner in Taiwan, wenn ein Kunde ständig die Dringlichkeit betont, ohne eine angemessene Bearbeitungszeit eingeräumt zu haben. Im schlimmsten Fall könnte das sogar als „unfaires" Spiel wahrgenommen werden. Selbst wenn sich der ausländische Partner nicht dazu äußert, ist ein Nachlassen der Kooperationsbereitschaft die logische Konsequenz.

5. Fehlende Selbstkritik

Erfahrene Manager wissen, dass man immer etwas dazu lernen kann, unwichtig wie viele Projekte man bereits geleitet hat. Es ist völlig unmöglich, dass Projektmanager in einem fremden Umfeld den perfekten Überblick haben. Intelligente Manager versuchen deswegen, den eigenen Blickwinkel zu erweitern. Sie hören sich die Meinungen anderer an, auch wenn sie ihnen nicht gefallen. Diese Lernfähigkeit verstärkt die Kompetenz solcher Manager und reduziert die leichtsinnsbedingte eigene Fehlerquote.

Es ist enorm wichtig, an sich selber zu glauben. Es gehört aber auch zur Größe einer Persönlichkeit, Fehler bei sich selbst suchen zu können.

Ein Missgriff ist wirklich nicht tragisch. Im globalen Umfeld ist das Aufrechterhalten des Überblicks zweifellos schwierig. Warnende Stimmen könnten zum Beispiel in Asien so indirekt und leise sein, dass ein Europäer sie einfach überhört. Es ist aber sehr wichtig, einen Missgriff oder Fehler einzusehen und einen neuen Versuch zu starten. Dadurch lässt sich eine wirkliche Eskalation vermeiden.

Intelligente Manager vertrauen daher auf die eigene Empathie, um gewisse Signale zu empfangen. Sie spüren eine Missstimmung und übersehen auch nicht eine zögerliche Haltung des Partners. Damit wird es für sie möglich, einen respektvollen Umgang mit ihm zu pflegen und die Basis für eine gute Zusammenarbeit zu legen.

Übung 12

Die Terminvereinbarung für Telekonferenzen zwischen dem amerikanischen und asiatischen Kontinent ist in der Regel schwierig, da sehr große Zeitunterschiede bestehen. Der eine beendet gerade seinen Arbeitstag, während der andere gerade erst zu arbeiten abfängt. Einige chinesische Manager machen die Erfahrung, dass sie wegen der Telekonferenzen mit dem Kunden bis 22 Uhr oder noch später im Büro bleiben müssen. Amerikanische Kunden sind natürlich zufrieden mit dieser Bereitschaft des chinesischen Partners. Aber sie sind auch oft erstaunt über diesen Einsatz ohne Rücksicht auf die Zeit. Sie gewinnen fast den Eindruck, dass die Chinesen nie schlafen.

Wie bewerten Sie die Qualität der Zusammenarbeit?

Versuchen Sie zuerst, die Lage selbst einzuschätzen. Denken Sie nach, was Sie unternehmen würden, ohne die Erklärung vorher zu lesen.

Erklärung:

Asiaten kommen den Wünschen europäischer und amerikanischer Partner meistens entgegen, besonders wenn es sich um Kunden handelt. Es ist sicherlich bequem, dass die Partner jederzeit zur Verfügung stehen. Aber genauso wäre es unnatürlich, wenn sie das gerne machen. Telefongespräche in tiefster Nacht sind eine Belastung für jeden Menschen, auch für Chinesen. Von einer solch bequemen Haltung zu Lasten anderer ist abzuraten, denn die Rechnung dafür wird irgendwann serviert. Ein häufiges Symptom besteht darin, wenn sich der Lieferant nicht mehr so schnell wie früher entgegenkommend verhält oder sich die Kommunikation zwischen den Sachbearbeitern allmählich verhärtet.

Kluge Manager achten auf einen fairen Umgang miteinander, indem sie sich ab und zu eben auch „opfern" und Gespräche etwas früher führen oder sich bemühen, generell eine bessere zeitliche Lösung für den Partner zu finden. Für Chinesen ist es wichtig zu merken, dass man sie fair behandelt. Selbst wenn es unter den gegebenen Umständen nicht immer möglich ist, wissen sie solche Bemühungen doch zu schätzen.

Checkliste – Vorbereitung für die globale Herausforderung 6

Zum Schluss ist es an der Zeit, an der Optimierung Ihrer persönlicher Kompetenz im globalen Projektmanagement zu feilen. Jeder Mensch ist einzigartig und jeder Projektmanager hat seinen persönlichen Stil. Trauen Sie sich und bleiben Sie bei der interkulturellen Begegnung natürlich. Aktivieren Sie Ihre Potentiale und Ihre Kreativität. Die Möglichkeiten zum Ausbau Ihrer persönlichen Kompetenz sind grenzenlos.

Bei einer Diskussion des Themas „Administrativer Aufwand in einem globalen Projekt" der GPM Deutsche Gesellschaft für Projektmanagement e. V. wurden die wichtigen Punkte festgehalten, die ein deutscher Manager verstärkt nutzen könnte und auf welche nachteiligen Eigenschaften er besonders achten sollte. In der Tab. 6.1 wird eine Checkliste zusammengestellt. Sie hilft dem Leser, eine persönliche Kompetenzliste zu erstellen, um die eigenen Management-Skills für die globale Herausforderung zu perfektionieren.

© Springer Fachmedien Wiesbaden 2016

J. Huang, *Optimierung des globalen Projektmanagements,* essentials,
DOI 10.1007/978-3-658-11262-2_6

Tab. 6.1 Checkliste für eine erfolgreiche Projektdurchführung im internationalen Kontext: Welche Bereiche sind für einen Projektmanager wichtig und welche sind eher unwichtig?

	Wichtig	Eher unwichtig
1	Präsenz vor Ort	Einfluss der Abteilung/Bedeutung der Matrix
2	Gemeinsame Sprache und gegenseitiges Verständnis	Gespräche/Theorie
3	Präzise Entscheidungsstruktur und Kontrolle	(Blindes) Vertrauen
4	internationale Erfahrung beim Treffen von Entscheidungen	Nationales Selbstbewusstsein
5	Regeln/Disziplin (einschließlich Verständnis und Verbindlichkeit) - Klarheit - relevante Punkte herausarbeiten - Grenzsituationen erkennen	Umfang der Regeln (Weniger ist mehr)
6	Beziehungsmanagement und professionelle Kompetenz (fördern Punkt 3 „Kontrolle")	Kirchturm-Denken
7	Informelle Kommunikation (einschließlich Vorbereitung von Entscheidungsfindungen)	Wichtigkeit von Meetings
8	Informale Selbstverwaltung (Vorbereitung als Ergänzung zu formaler Projektverwaltung)	Festhalten an den Vorschriften

Ihre persönliche Checkliste

	Wichtig	Eher unwichtig

Literatur

Al-Maghraby, R.: Project Management frameworks: Comparative Analysis (2010)

Balzer, D., Wilhelms, G. (Hrsg.): Projektmanagement im Fokus – Standpunkte, Sichtweisen, Schwerpunkt, S. 51–68, 200. Augsburg (2005)

Beck, U., Bonß, W. (Hrsg.): Die Modernisierung der Moderne. Frankfurt a. M. (2001)

Benien, K., von Thun, S.: Schwierige Gespräche führen – Modelle für Beratungs-, Kritik- und Konfliktgespräche im Berufsalltag. Reinbek bei Hamburg (2003)

Binder, J.: Global Project Management – Communication, Collaboration and Management Across Borders. Hampshire (2007)

Bolten, J.: Einführung in die Interkulturelle Wirtschaftskommunikation. Göttingen (2007)

Dülfer, E.: International management in diverse cultural areas. München (2011)

GPM e. V., Hannover IT e. V.: IT-Offshoring von Deutschland nach Indien – Ergebnisse einer Studie des Competence Center for Project Management (CCPM) der Fachhochschule Hannover. Nürnberg (2011)

Hartel, D.: Consulting und Projektmanagement in Industrieunternehmen. München (2009)

Hoffmann, H.-E., Schoper, Y.-G., Fitzsimons, C.J. (Hrsg.): Internationales Projektmanagement – interkulturelle Zusammenarbeit in der Praxis, GPM-Fachbücher. Nürnberg (2004)

Huang, J.: China besser verstehen – Interkulturelle Annäherung, Warum Chinesen anders denken und handeln, S. 15–18. Augsburg (2010)

Huang, J.: Erfolgreiche Projektarbeit in China – Leichter Einstieg mit guter Vorbereitung und passenden Methoden. In: Lutz, B., Gora, W., Wagner, R. (Hrsg.) Erfolgreiches interkulturelles Projektmanagement. Düsseldorf (2015)

Huang, J., Chung, A.: Optimization of global project management and the required tools. IPMA Experts Seminar Paper „Future Trends in Project, Programs and Portfolio Management 2014", Zürich, S. 150–169 (2014)

Huang, J. (Hrsg.), Koltisch, H.-J., Chung, A.: Unternehmensführung und Projektmanagement in China. Düsseldorf (2015)

Info Global Solution: Bieten oder nicht bieten – Profitabilität ist der Schlüssel. Hannover (2011)

IPMA: „ICB – IPMA Competence Base line", Version 3.0. Zurich (2006)

IPMA (Hrsg.), Binder, J., Gardiner, P.D., Ritchie, J.M.: Project Perspectives 2010 – a model of success factors for global project Management (2010)

Kilian, D., Mirski, P., Hauser, M., Weigl, M.: Projektmanagement – Praxis, Theorie, Werkzeuge. Wien (2008)

© Springer Fachmedien Wiesbaden 2016

J. Huang, *Optimierung des globalen Projektmanagements,* essentials,

DOI 10.1007/978-3-658-11262-2

Königswieser, R., Hillebrand, M.: Einführung in die systemische Organisationsberatung. Heidelberg (2011)

Köster, K.: International Project Management. London (2010)

Kühlmann, T.M.: Internationales Risikomanagement – Auslandserfolg durch grenzüberschreitende Netzwerke. München (2009)

Li, S.: Risk management for overseas development projects, Guangxi/China. Int. Bus. Res. **2**(3) (2009)

Lünendonk, Tiba: Projektmanagement 2015 – Globale Governance – lokale Performance, S. 13. Kaufbeuren (2010)

Maturana, H.R.: Der Baum der Erkenntnis: Die biologischen Wurzeln menschlichen Erkennens. München (2011)

Müller, A. (Hrsg.): Konstruktivismus und Kognitionswissenschaft – kulturelle Wurzeln und Ergebnisse, Heinz von Foerster gewidmet, S. 206. Wien (1997)

Novak, A.: Schöpferisch mit system. Heidelberg (2000)

Ochieng, G.E., Price, A.D.: Framework for managing multicultural project teams. Eng. Constr. Archit. Manage. **16**(6) (2009)

PMI Project Management Institute: A Guide to the Project Management Body of Knowledge (PMBOK guide), Version 5, Newtown Square, Pa. (2013)

Ranf, D.E.: Cultural differences in project management. Annales Universitatis Apulensis series Oeconomica **12**(2) (2010)

Schlippe, A.: Lehrbuch der systemischen Therapie und Beratung. Göttingen (2007)

Schmidt, K., Preuschoff, A.: Status and Trends in Project Management in Global Context, IPMA Magazin. Zürich (2006)

Sentker, A., Wigger, F.: ZEIT WISSEN: Rätsel Ich – Gehirn, Gefühl, Bewusstsein. Heidelberg (2007)

Simon, M.: Entwicklung eines ganzheitlichen globalen Projektmanagement-Systems unter besonderer Berücksichtigung interkultureller Unterschiede. Chemnitz (2010)

Simon, F.B.: Einführung in die systemische Organisationstheorie, S. 17. Heidelberg (2011)

Sonja, R.: Einführung in das systemische Coaching. Heidelberg (2010)

Steeger, O.: Internationale Projektarbeit – noch kein Thema für die deutschen Projektmanager? GPM-Magazin PMaktuell **1**, 2 (2002)

Tillmetz, E.: Familienausstellungen (2000)

Tomaschek, N.: Systemische Organisationsentwicklung und Beratung bei Veränderungsprozessen. Heidelberg (2006)

Tomaschek, N.: Systemisches Coaching: Ein zielorientierter Beratungsansatz. Wien (2009)

Ulsamer, B.: Ohne Wurzeln keine Flügel – Die systemische Therapie von Bert Hellinger. München (1999)

Wagner, R.: Zweite IPMA-Forschungswerkstatt in China. http://gpm-blog.de/2-ipma-forschungswerkstatt-in-china/ (2014)

Watzlawick, P.: Wie wirklich ist die Wirklichkeit?: Wahn – Täuschung – Verstehen (2003)

Watzlawick, P., Beavin, J.H., Jackson, D.: Menschliche Kommunikation: Formen Störungen Paradoxien. Bern (2011)